Hessie Kwedet

Hessie Kwedet

Dagga-, dop-, dryf- en verwante ryme

Pieter W. Grobbelaar

PROTEA BOEKHUIS
PRETORIA
2002

Hessie Kwedet – Pieter W. Grobbelaar
Eerste uitgawe, eerste druk, 2002

Protea Boekhuis
Posbus 35110, Menlopark, 0102
Burnettstraat 1067, Hatfield, 0083
protea@intekom.co.za

Geset in Walbaum Book 10 op 14.5pt
Omslagontwerp deur *Abdul Amien*
Tipografie en ontwerp deur *Abdul Amien*
Voorbladfoto deur *Alex Duffey*
Reproduksie deur *Image Mix*
Gedruk en gebind deur *ABC Press*

ISBN 1-919825-32-0

© 2002 Pieter W. Grobbelaar

© Alle regte voorbehou. Geen gedeelte van hierdie boek mag op enige wyse sonder skriftelike toestemming van die uitgewer gereproduseer word nie.

Hessie Kwedet
jou gebukkende stert
Tjieet! appelkoospit.

Inhoud

Vooraf viii

I Daggaryme 1
II Dopryme 35
III Dryfryme 65

IV Aantekeninge 83
V Nawoord: Stem van die ekstase 111
VI Bronne 135

Vooraf

Hulle sê die mens waardeer nie werklik wat hy het voordat hy dit nie meer het nie. So was dit ook sy tydelike Wes-Europese ballingskap wat ons groot digter N.P. van Wyk Louw aan die wonder gesit het.

> En die vraag het nie 'ontstáán' nie, maar by my kop ingeklouter: wie en wat is julle – eintlik meer 'wát' as 'wie' – wát is julle, Afrikaners ... een volkie tussen honderde of duisende volke; jy het jou één, kort lewe aan dié volkie onherroeplik verbind, ja, verknog – en wat is hý? Wat is julle? Watter eienheid het julle? Kan julle nie maar verdwyn sonder verlies vir die wêreld nie?

Hy was in Nederland om die Afrikaanse letterkunde en kultuur te doseer. En dit het hom diep laat nadink oor die ganse Afrikaanse wêreld.

> Maar sê nou ons was nooit hier nie? Met dié vraag het ek meer as een maal rondgeloop. Vir my is dit duidelik: 'n volk moet íéts in hom hê [...], al is dit die fynste nuanse van 'n openbaring van die lewe se rykheid; dit moet 'n besondere instrument wees in die orkes van die geheel wat deur God gedirigeer word ... anders ... nou ja: sê nou dit was glad nie daar nie.

Sy gedagtes het uitgekom by die dorps- en plaaslewe van sy jeug.

> Ek het begin terugdink oor dié stuk van óns wêreld wat ek die intiemste geken het. Ek het begin besef dat dit ryker is as 'n hele groot literatuur. En ek het ingesien dat wat ons eie literatuur van hierdie wêreld in woorde gebring het, nie 'die helfte van haar skoonheid' vertel het nie. En ek kon 'n eie nuanse van lewe sien wat ek uit geen wêreldletterkunde leer ken het nie (1970:40–41).

Later, terug in Suid-Afrika, brei hy daarop uit.

> Ek hét al vertel: die soort poësie wat gemaak is voordat digters literêr geword het en begin 'dig' het, was nog, figuurlik, 'van my twaalfde jaar' af vir my een van die boeiendste ervarings.

Dan volg 'n bekentenis wat ongelukkig maar te bekend klink:

> Ek moet sowat sestien gewees het (aan die universiteit), toe ek begin opteken het wat ek kón van daardie soort poësie (meestal weer, soos so baie papier, verlore) (1970:91).

Verlore, ja. Onherroeplik verlore. Al wat hy uiteindelik kon red en vir ons deurgee, was enkele flardes van volksliedjies, en 'n sestal volkskwatryne. Die taal van sy wêreld kon wel in sy geskrifte naklink, en die volkspoësie in sy verse (veral "Klipwerk"). Maar die volle skoonheid van sy poëtiese jeugland sal ons eerstehands nooit eens by benadering leer ken nie.

'n Engelse onderwyseres en dosent in die opvoedkunde, wat ook eers tot haar aftrede gewag het voor sy die volksvertellings van haar mense werklik begin ontgin het, Sybil Marshall, lewer kommentaar oor die "verlore erfenis"-verskynsel.

> It is a curious characteristic of intelligent people that they only begin to value their cultural inheritance highly when it is in danger of disappearing for ever over the cliff-edge of time – at which point they seize the tip end of its tail and exert tremendous energy in trying to haul it back. Usually what happens is that the tail comes away in their hands, and the body is lost [...]

Verstedeliking is een van die vernaamste faktore wat die tradisionele landelike volkskultuur verlore laat gaan.

> [The] towns themselves began to generate a culture of their own which, once it had become established, chose to despise its own rural origins (1981:11).

Hoeveel van die ryk Afrikaanse kultuurwêreld van weleer in die niet verdwyn het, sal ons nooit weet nie. Maar laat ons tog opstaan vir 'n mosie van roubeklag oor 'n verlore erfenis. Dit is reeds in 1942 uitgespreek deur ene J.F. Jacobs van Paardeberg in die Suidwes-Vrystaat oor 'n werklik unieke Afrikaanse kultuurwêreld.

> Daar is 'n halwe eeu te laat begin met die versameling van brokkies geskiedenis uit die lewe van die Grikwas en hul buurmense. Die room is daarmee heen, en dis nog net die renserige melkies wat in die erdebak oorbly. Die bron is eens en vir altyd verstop en die enigste inligting is vandag te suig uit die vertroebelde en byna opgedroogde systroompies. Die geslag wat die doen en late van die Grikwa en sy buurman betrag het, het lankal van die toneel verdwyn.

Handhaaf 'n minuut se eerbiedige stilte, voordat die eintlike sakelys van die vergadering ons verdere aandag opeis. En wees dan bemoedig dat Jacobs darem iets te redde gekry het.

> Dit het my nietemin geluk om die een en ander aan die vergetelheid te ontruk (1942:6).

'n Kwassie van die stert het behoue gebly. Kom ons bind 'n hand vol sulke kwassies tot 'n stoffertjie saam om die spinnerakke oor 'n hoekie van ons kultuurverlede so 'n bietjie weg te vee.

Pieter W. Grobbelaar
Jan van Riebeeckstraat
Wellington

I Daggaryme

HESSIE KWEDET

Tonna-tonna mietlie,
El-en-kot en fluisterbie.
Moord! Sanna! Knoetskie.
Tierna! Tiernatskie, ê-ê-ê-ê ...!

Ek kom van die land van Alkoebaai,
Daar braai hulle karringmelk op die rooster.
Ek kom in die Kaap,
Daar slaat hulle my met 'n aap.
Ek kom in Oudtshoorn,
Daar gee hulle my 'n beeshoring.
Ek staan daar en sê:
Sierige oom en sierige tannie,
Hier lê die bul van die klub.
Ek sien daar teen die bult 'n rooi lap bees staan.
Toe ek daar kom, sien ek
Dis Tannie se rok se stootkant,
En Aasvoël se voortand.
Dit was ek en Jan Tarentaal,
Panyster en Potlepel.

Voël fisant,
eergisteraand,
moord en brand,
langs die strand,
my ou meidjie,
my ou Truitjie,
sie jy, Klasie,
ek is basie.
Haai-e-e! Voël fisant-t ...
langs die strand-t ...
eergisteraand-t ...
Haai-i-e-e-e-e ...!

Klein tarantaal,
Ester an staal!
Sneupe vol sneus,
Snodderige knie!
Jantjie koggalmander,
Platjie plat koljander,
Fielmon flekkeflooi!
Klein pargasie,
Rooi flamasie,
Rooies se rooies!
Tebes se baadjie!
Askoek maak,
Die brieke kraak!
Ou meid dra velkaros;
Aangeteel en beeskraal!
Naak en kaal!
Platjie snot,
Jantjie snot,
So weld sos an steenbok!

Klein Katryntjie,
Moord an brand.
Ver oor die land,
See an sand!
Oeit oens oor,
Dan van agter dan van voor.
Siestog vir jelle!

Voëlfisant bonttarentaal
yster en staal
moord en brand
leeg langs die strand
voor eergist'raand vat ek
aan die kleinding se rok se stootkant

Koenfitterkoen
Lampie uit fatsoen
Sielie saai saad
Hotnot sit in die klip
Bobbejaan stryk met groot omstandigheid
Bo innie Kaap

Kaapslaai Rooidraai
Tant Helena bly da bo innie draai
oppie rand van wiewaai
daar waar hulle die karringmelk
oppie rooster braai

Hierts! seg die klein Katryntjie
skottel an kaiings
daar oener laans die strand
skreeu hulle moord an brand
hamerkop bierkop
doodskoot!

Hierts!
Alexander die witkop dietse Baster
die kettingbreker
appelkoos bulpens
koggelmander vetstert
koeke-loere koel-koel
die brandstraal
kalkoen is sterk soos makou.

Voëlfisant,
Voëlfisant,
Lank in die land.
Klein bietjie baard,
Maar klipsteenhard.

Aghoes aghaas
geelwater wegblaas
nog 'n dop my baas.
Likkewaan was my sleepwa gewees
Koggelmanner my drywer
Akkeldis was my touleier.
Wat was die vrag gewees?
Likkewaan se derms en pens.
Tjap-tjap!
Tieties loshaar
die gebreide wonnerboom
tjap-tjap!
kar moes staan
gebukkende stert
alkante hoekbaan
tjap-tjap!
braai jou deeg op jou knopkierie
tjap-tjap!
braai jou dikmelk op jou rooster
tjap-tjap!
jongmeid se stère.
Jakkals was my posryer uit Piketberg
tot in Fieliepolis in.

Kaapse Goedet
jou swart merrieperd
jy wat jou rieme
so rek en vertrek
Koggelmanner beenpens
Volstrys snotkniekoppe
alle oumeide se purgasie.

Ek loop so verder aan
ek loop en lyster die storie so
ek is Loekas Alkaster
die Dytse baster
kom ek innie Baai
dan is ek 'n ghaai
kom ek innie Kaap
dan's ek 'n swartskaap.

Eina deina dana das
eina weina wana was
iets piets
elkie die kelkie
die lyka lok
tien pistool
op 'n duwwele blok.

Hotnot se kop
is 'n giftige ding
wat ruik soos kombuispens?

Hoog en leeg langs die strand
ek verbrand
my hand
op die tannie se tabberd
se stootkant.

Al wieker
al wakker
dwarsoor die akker
die dooie
maak die lewendige
wakker.

Hierts – seg – hulle – voël – fisant
Skree – moord – en – brand!
Katryntjie – Groenvenster, – jou – deedlike – ding
Niklas – Alkaster, – jou – duisbaster – van – Makeb!
Foutmaker – van – Albanie, – Queenstown,
Kettingbreker – van – Griekwastad.

Voël – Fisant – skree – moord – en – brand –
Onder – langs – die – strand; –
Aan – sy – stert – hang – 'n – tak, –
Kliernek – soos – 'n – kalkoen –
Platvoet – soos – 'n – pielie –
Wolvoet – soos – 'n – haas –
Matjiesgoedbene – soos – 'n – reier –
Kierienek – soos – 'n – volstruis –
Voël – Fisant – skree – moord – en – brand.

Haaits! – hasie – met – die – doekvoet –
Dassie – met – die – strykystervoet –
Ek – kom – in – Stellenbosch –
Daar – gee – hulle – my – 'n – bord – kos,
Ek – kom – in – die – Kaap –
Daar – ja – hul – my – met – die – aap,
Ek – kom – in – die – Baai –
O, – magtag, – pasop – vir – die – haai.

Hotagter – haaragter – Optyker – Boekhouer
Slamaaier – Doortjie – Malap!
Skiller – glyer – Witbooi – leier,
My – dogter – se – rondekop – vryer
... Hierjy, – staan – so!

Rooi – Klaas – Linde – die – beenbek – Hotnot
Wat – sewe – jaar – geloop – het.
Groot – Fielies – klein – Fielies
Baklei – oor – 'n – dadelpit.
Onder – langs – die – strand – skree
Die – voëltjie – moord – en – brand.
Fluit – sjiert! – ... sjiert!! ...
Die – voëltjie – moord – en – brand.

Tarentaal – yster – en – staal
Bolyf – vaal – onderlyf – kaal
Opmekaar – naas – mekaar
Hotnot! – dis – als onklaar.

Jan – Fiskaal – wou – nie – betaal
Boer – sit – en – loer
Duifie – die – koerrr
Voëltjie – die – fluit
Hierts! – my – storie – is – uit!

Sy naam is
Lammie Laat-Loop
in die laat skades
sy naam is
oompie Swaarweer
hy loop maar hy kom weer.

Jy kom van die land van Wie-waai
waar hulle karringmelk op die rooster braai
en biesmelk onder die as
waar die sprinkane sokkies dra
en die spinnekoppe kamaste.

Hetsê, ek kom mos uit die rivier
Ek kry daar 'n tier
Ek vat die tier se vel
Ek kom in die hotel
Ek verkoop die tier se vel
Om die hotel se geld te leer tel
Ek kom in die Kaap
Ek kry daar 'n voorlyf-skaap
Ek kom in die Pêrel
Ek kry daar 'n afbeen-kêrel
Ek kom in die sloot
Toe was sy naam yslik-groot
Johannes meerkeer
Sewe keer
In een week seep smeer.

Saal op die perd
Sit bok in die lies
Hotperd trap in die wapad
Hiert! hiert! seg hy
Jou wit klein kaalgatjie
Platjie se gatjie.

Waar's ek?
Appelkoospit
Fieliekondaais
Kinders lê om te swel
Koperkapel.

Albies albas
Vaalwater wegblaas
Nog 'n dop my baas.
Ou Stoffel Deurklaas
Vat soos eergistraand laas
Kang-kang! sê die snare
Loop op vier-en-twintig rieme
Se ringe.

Klein Arnollus Meintjies
Deurloper van Stellenbosch
Laksman van Holland
Klerk van Beaufort-Wes
Wes jou honnenes.

Appie Jonas jou boepmaker
Kepeljander een in die ander
Hessie Kwedet
Jou gebukkende stert
Tjieet! appelkoospit.

En die tiere brul
in die Suurberge
die Hottentot val
dat sy kruisbene kraak
dis julle wat vir my sê
Kruppelloop
ou Pietie Matjôs
met sy los hare.

My naam is:
Jantjie Akkerblaar Plamplier,
Mooi angelier van Breerivier
Lelike dier van Grootrivier.

Akkadissie stompstert
jy is Pollie se ryperd
vlak vijooltjie op Sa'gaand
skop Koerantjie Rooipootjie in die pan
klein Katryntjie Doekvoet
dra sewe kouse aan een voet.

Drie kommetjies melk
groot beker bitter koffie
is outante se kind se purgasie.

Dieter dieter donkerwater
slagter hotnot
leeglê langs die straat
voëlfisant
linkerkant of regterkant
ag nee, die rok se stootkant
is altyd die beste kant
dis nie waar nie.

Poetjie petja
wa's jou pa?
lang slang doringkuile
julle met julle kajuitkuite
se piesangvoete
se stuitjie
se lippe
julle met julle blakerore
julle wat lyk soos 'n ystervark
wat in die stof rondgerol het
wat sal die mense van julle sê
as hulle julle sien hè?

My pyp my pyp
my daggapyp
jy is my maat
van tafelsblad
as ek jou wil hê
is jy hier
want jy's my beste
en my mooiste pertier
voetjie voetjie
doringkeil
op die kooitjie
sit 'n otjie
ek skiet hom met die pyl
dan val hy neer.

Akkeldissie jou stompstert
Pollie jou ryperd
alboessa albassa
kleingoed se kassel
kom in die Kaap
die rooikop-skaap
vier Ingelsman
vaalwater wegblaas ...
Sie! k-a-a-a-k!
dis nie jongkêrel se werk nie.

My pyp my pyp
my daggapyp
jy is my beste maat
van smòrens vroeg
tot sawens laat
jy bly altyd my maat.

Voëlvoet ponérrie,
Voëlvoet mop,
Jou sjelme ding,
Pasop vir my,
Ek is eergjister se ding.

Vossie jou ryneveld,
Klipsalmander jou beenbek,
Akkeldissie jou stompstert,
Pollie jou ryperd.
Daar oener staat die tannie met die rooistootskant,
Sy skree so pure moord en brand,
Daar oener staat die fisant,
Daar oener langs die kant,
Sy skree so pure tarentaal.

Eerlike Tieties naamdra,
Strykystervoet soos 'n das,
Beentjie soos 'n sprinkaan,
Waaitjie van voor en skyfie van agter,
Bobbejaan, boggel van stert,
Oumensplesier op die rug.

Klein Katryntjie groen spenster,
Regter meroos met skiller metroos,
Spring sy bo deur die dons,
Slaat sy vyf duisend skaap dood.
Lê haar naam en loop haar nommer
Hoog op die vyf duisend skaap
Wat sy doodgeslaan het.

Voëltjie fisant
leeg laans die strand
watter kant?
rooi rok se stootkant.

Arnols!
Baas?
Keer uit my jong
paar en paar
Swartland Makazana die waboomstamper
ek was geprys onder in Merrieskraal
tien paar skoene en tien paar kouse
drie wolkomberse en 'n slaapkamer
hier-hier!
en ek verhuur my daar aan daai kêrel
die kêrel se naam is Gert Gertse
en ek kom die aand in die slaapkamer
daar spring die vlooie
drie duim dik op die vloer
en ek gaan na die baas
en ek sê: kyk baas
onder die tou bo die tou
fyne brood en growwe brood
en ek stap daar weg
en ek kom nog by die huis
met 'n ent son.

Ek draf hier langs die spruitjie
Sien ek 'n hartbeeshuisie
In die hartbeeshuisie woon 'n jonge juffrou
Ek vra haar 'n koppie tee om te drink
Sy skrik so groot
Dat sy op die naat van haar rug val
Hieps!
Spring ek oor haar gombeen
Dit kos my vyf pond tien
Ek draf hier oor die bultjie
Sien ek 'n hartbeesbul staan
Ek slaan die hartbeesbul dood
Ek gooi die hartbeesbul oor my skouers
Ek kyk so oor my hoekbaardjies
Ek sien my hoekbaardjies
Se punte is af
Dis dié dat die kinders
My nie meer eer
As 'n eerbare man nie.

Booi van Boufort saal my perd op.
Sit my spore agter my hakskeen ...
Ek sit hom in die wapad,
En ek steek hom in sy lieste,
En ek sê: Dora Lyla, laat die slaai kom
Wat vanaand op die tafel sal opgebruik word.
Waar is Lukas? Waar is Lukas?
Waar is Lukas, velpataler?
Hy's 'n man van sy woord.
Sekketaars is die baas,
Bobbejaan is die drywer,
Aap is die touleier.
Sekketaars loer hier van diékant af,
En sê: Bobbejaan, praat met jou bleskoposse.
Hy sê: Donker, Hofman,
Laksman, Stinkgat,
Asgat, A.a.s.v.o.ë.l!

Kom ek by die Kaap
Dan kaap hulle my
Kom ek by die see
Dan see hulle my
Kom ek by die Kaap
Dan gee hulle my 'n groot skottel pap
Ta' Kalientjie met jou wit skoene
Waar't jy gesien ek is wit?
Vat my om my nek
En gee my 'n lekker soen.
Ek het 'n ou meid langs die pad gekry
Sy is dik gelap
Ek vra haar 'n koppie tee
Sy vra my tien pond kontant
Ek sê ag wat
Dis sommer honnebloed en makoustront.
Agttien jaar vir my pa
Sewentien jaar vir gormint!

Yster en talgommerental,
Deurbreker se jaaroudkalf,
Jou rapoen se maldanster,
Uitgeblomde karos soos 'n watermeid,
Kieliekie, kieliekie, makoustront,
Aasvoëldrol,
Dagga, dagga, jou lekker ding.

Tant Katryntjie groenvenster
Toe pies ek dwarsdeur
Die ounooi
Se kietsjenvenster.

Die hondjie loop tjank-tjank
Op die moreson seg hulle,
Droë van drade,
Skuins van skade,
Palm pasganger.

Daggaputlaagte
(Plaatopname uit laat dertigerjare)

MUSIEK *(op en na agtergrond)*
(Hond se geblaf nagemaak)

"Wollie, daar blaf die ou Terrie. Kyk wat blaf hy voor."
"Pa, dis ou Adam weer daar by die daggapyp wat lê en suig.
   Hoor hoe hoes hy."
(Hoesery)
"Hy vertel nou net rympies. Luister daar, Pa."

Klein Katrientjie groen spenster
jou deedlike ding
skuins van skade
Kaatjie Kadet
jou swart merrieperd
wat die rieme en die velle so verrek
en trek op haar plek
boems! seg sy
is dit julle twee wat my verlei
oor die land Wie-waai
daar waar hulle die swart koei se melk
op die rooster braai
goiingsak en patattas
soetmelk in die spruit
Koggelmander beenstert
Volstruis snotterige knie
al die ou meide se purgasie
julle met julle kejootkuite
se piesangvoete
se knettervingertjies
se mieliepittande
sus Truitjie se lippe

se blakerore
julle wat lyk nes 'n ystervark
wat in die stof rondgerol het
wat sal die mense nie van julle sê
as hulle julle nou sien nie
hè?

poeitjie-petja
waar's jou pa
bonnie-ketél
lang slang Doringkuil
op die kantjie sit ou Antjie
en hy skiet hom met die pyl
sê ou Jantjie van Zyl
en hy sit ook nie ordentlik nie
dat dit so wraggies kan binneglip nie.

MUSIEK *(op en na agtergrond)*

Diegger diegger dol Baster
slagter Hotnot
voëltjie-fisant
leeg langs die strand
klei'meid se kant
watter kant
onderkant of linkerkant
regterkant of bokant
ag nee
die rok se stootkant
is altyd die beste kant
is dit nie waar nie?

MUSIEK *(op en na agtergrond)*

Mooie meisies het ek lief
want van mooie meisies het ek gekome
staan 'n ding wat rietskraal is
want so skudde wy die boom
so valle die peer
so kielie wy die meisie
dan slaat sy neer.

MUSIEK *(op en na agtergrond)*

My pyp my pyp my daggapyp
jy is my maat
jy is by my altyd
soggens vroeg en sawens laat
as ek jou wil hê
is jy hier
want jy is my beste
en my mooiste plesier.

MUSIEK *(op en uit)*

Liedere

(Oor die rokers en die plant)

Jan Kolêla
dit is donkie sonder tong
Jan Kolêla
dit is donkie sonder long
en laat's hoor wat sê die man
daar kom die daggarokers aan
en laat's hoor wat sê die man
daar kom die daggarokers aan.

Waar kan ons nou dagga kry?
waar kan ons nou dagga kry?
die son kom op in die Zoeloeland
en die daggaland die slaan aan die brand.

My pappa was 'n drinker
en 'n drinker so ben ek
my pappa drink die bottels
maar die kanne dié drink ek.

My pappa was 'n houtsoeker
en 'n houtsoeker so ben ek
my pappa kap die bosse
en die stompe dié kap ek.

My pappa was 'n roeker
en 'n roeker so ben ek
my pappa roek die entjies
en die dagga dié roek ek.

Hiervandaan na die bamboesvlei
daar waar die nooiens op die donkies ry.
Koor: Kie-fe-la-ra
      hop-sie-sa
      o allawêreld
      die ou tanta.

Hiervandaan na Mosselbaai
waar karringmelk op die roosters braai.

Ek hou my lyf soos 'n bosapie
en ek draai met die tannie met die bont kappie.

II
Dopryme

Toe ek hom hotagter uittrek sê ek: ja hom, tier,
smelt hom, tier.
Willem Koeberg breek yster en staal.
Waar is die vier-en-twintig rooi witkoposse?
Daar is hulle, Baas.
Loop haal hulle, Klaas.

Ek sou graag wou weet wat dit was,
al was dit net 'n halter met 'n las.

Dis die was en die lap en die harekam
en die skimmelkop daarby.

Akkeldissie semeltou,
Jakkals lê met sy harige hakskeen
viervoet in die wapad vasgemaak.
Geelwater wegblaas, nog 'n dop asseblief, my baas.

Ik ben Johannes Jakobus
die sindelinghaan
onder in die ghroetes
van Namakwalaan
die ho-palieters en die daarlemieters en die taarlietaners.

Anderkant die rant
sit 'n ou predikant
met sy hoed in die hand
en sy binnegoed is aan die brand!

Ganswyfie broei in die ruigtepol
stryk op 'n bruin perd met die kol
skink hom vol
ou seertjie vol.

Aghoes aghas
Vaalwater wegblaas
Asseblief nog 'n dop my baas.

Ngap sê rooi donker en kol
halfas demas kleingensbok
stap! korente klap!
daar onder in die sand
moord en brand
ho! moenie skiet nie!
dis ons mense.

Hier en daar
soos 'n doringblaar.

Glip en gly
soos padda innie vlei
waar hy gly
daar is ek by.

"Gips," sê die hoener
wat die bont eier lê.

Koos,
Waarom is jy so goddeloos?
Span vier in
En in die trek
Skiet hy een met die rek!

Samghoes, samghang
Geelwater wegblaas
Noggedop wegjaag!

Klein Kootjie Alkaster
die willie witkoppie
die dysbaster
is die lekkerloop van Thys
as vlooi deur die dons spring
spring wolf deur die dorings
ghoeroe ghoeroe
ou suster Eva se molvel
buite spraak binne spraak
maar alle deetlike dinge
lê onder die potdeksel.

Skoffel Jakobmyn
hy lyk min
maar vat hom maar 'n bietjie klein
ou Piet wat is dit hierso?
Nee ounôi ek prys maar net hier my pyp
want Boplaas se dam is 'n sekere ene
moet 'n groot kop maar sy hare krul
net soos 'n vaalhaarbul
hiert pff, pff
daar gáát hy.

Hier
jou deetlike dier
van Tankwasrivier
of is jy die tier
van Hexrivier
ek is die rietskraal kêrel
van die Pêrel
die dytlike uitspattige
polkadanster
maar dan breek ek 'n kettang
bo om Beaufort-Wes
goet luk baas.

Klein Katryntjie
deetlike ding
skuins van skaar
Kaatjie Kedet
jou swart merrieperd
is dit jy
van die man sonder hoed
gesondheid baas.

Bokkapater
spring in die water
vang 'n vis
gooi hom in die kis
dis 'n dooi akkerdis
as jy my staan en lyster
dat ek na jou kyk
kom nader
gesondheid baas.

Skierlik en onverwags
in die dag of in die aand
staan ek met die doppietjie
in my hand
dan drink ek hom met lus
en vroom
soos 'n droom
dan gaan hy sommer ín my in
die hele stroom
sommer met pootjies en pens
sonder liksens
maar dan neem ek 'n liksens
dan betaal ek daarop elke jaar
'n sjieling en 'n sikspens
gesondheid!

Rooi donker soos donkerland
Blesman se maat
Sêman en snyman
Veld en flier
Ja hom tier
Hollandse liefhêer
Opsteker en toldraaier
dis die langdoringlap
dis die symde koppie
maar net 'n ander stap.

Drink
wat die baas skink
wat is dit
dat jy so versuim
soos een wat wil rym
jy wat so van rymery praat
by so iets
is jy soos 'n vraat
hier
daar gaat hy
met lus en vroom
daar gáát hy!

Wegskoffel, deurblaas,
Nog 'n dop, my baas!

Oker en Stoker
Skaamman en Boekhouer
Flinkfloor
wie was Flinkfloor?
dit was Klaas
Klaas wie?
Klaas Wolluther.
    Amen.

Dis die rooi bottel wyn van Modderfontein
dis die uitrypos van Stellenbosch
dis die deurloophalters van Jonas Walters
gat in die baadjie was Kaatjie
brommer en maaier was Piet Boonzaier.
    Amen.

Haai-haai
die witborskraai van Lambertsbaai
die blou papier van Hexrivier
die uitrypos van Stellenbosch
die deurloophalters van Tera Walters
die gat in die baadjie van ou Kaatjie
haai-haai my baas
vaalwater wegblaas
nog 'n dop ou Klaas?
assebliefe my oubaas
dis die pennie in die kokergat
my Nuwejaarshoed
dis die pap tamatie
heeldag gewerk en niks gehad nie
ek steek my sak vol houtblokkies
en ek dans met die tannie met die rooi rokkies
ek steek my sak vol mielieblare
en ek dans met die tannie met die vaal hare
alkoester is alkaster
is die bloubles-Baster.

Gaps! seg hulle
sewe jaar in die Kaap
en nou nog bang.

Aghoes aghas
vaalwater wegblaas
donkerbek-geweer
nog 'n donker dop
asseblief my baas
dan knoop ek my das
aan die vaalwater vas.

Ek is Klaartjie Sas
ek slaan al die meisies se hand in die as.

Ek is Tollie Dis
ek weet waar die lekkerte is.

Lank en skraal soos 'n telefoonpaal
kort en dik soos 'n petrolblik.

Skilpadkransie
moenie so binneboud dans nie.

Gesondheid in die blomtyd
steek jou vinger in jou kies
krap die pruimpie na jou lies.

Tina van tant Lakkie
staan op die hoek van die straat
staan staan is 'n lekker staan
die poliesman knip haar draad
so laat op straat.

Die skraal kêrel van die Paarl
die heer Basson van Wellington
die uitrypos van Stellenbosch
die soet bottel bier van Olifantsrivier
die vaal hondebos blom groot
daar spring ek oor die sloot
verloor ek my hoed en my een velskoen
vandag dat ek g'n baard meer het nie
noem julle my julle kleingoed.

Jonkersfontein
is 'n lekker fontein
daar loop 'n straal water
so dik as jou duim
drink jy daarvan
dan smaak dit na wyn.

Aghoes aghas
die stootgare
die Bolandse meisies
dra vaal hare
aghoes aghas
die vuilwater wegblaas
nog 'n dop
in 'n ander glas.

Klop op jou bors
dit verslaan die dors.

Jakkalsfontein
jou nare fontein
daar loop 'n stroom wyn
so dik as my duim
die strik in my sy
is die pollie van my
die veer in my hoed
is my eie goed
die ring aan my hand
is my eie troupand
die rondte van die grond
kos taggentag pond.

Akoes akas
nog 'n doppie my baas
om die moegheid weg te blaas.

As dit op is,
laat maar haal.
Ben van Tonder
kan betaal.

Tot lof van heuningbier

Strykvoet soos 'n das
Lapvoet soos 'n haas.

Ait!
Hasie loop 'n stywe galop
Daarom ja die honne hom op!

Oompie
leen jou wa vir my
ek wil my vrou gaat haal
my vrou sit voor
Jap Op se deur
so kleur op kleur
haar wangetjies
so rooi als bloed
haar bekkie
so suikersoet
haar ogies
so helderblou
daarom gee sy my
die jawoord so gou.

Ghoem tersy
volstruis snotterige knie
oumeide purgasie
karringmelk op die rooster
dikmelk op die as
oor die Tinktinkierivier
staan 'n groot jongmeisie
met 'n mooi gesiggie
ek sal enige tyd omdraai
en sy gesiggie afwas.

Aboes abas
geelwater wegblaas
Stoffel Deerklaas
ja rooibaadjie se baas
maar Kaatjie Roedet
is die blesmerrieperd
strykvoet soos 'n das
maar effentjies
sleghalter
met 'n las.

Kalboes kalbas
geelwater wegblaas
nog 'n dop my baas.

Rympies vir die sê

(Terwyl die drankies ingeskink word)

Om die nekkie gegrepe
Oor die pensie gestreke
O alle gedeugde
Uit die gaatjie kom vreugde.

Gelint jou splint
Agvesta toemorra
Voorstoot se gare
Die Bolandse nooiens
Ons sal nie sê nie
Adam slaan vir Eva
Met Antjie van Sond.

Tieteram staan styf
In die middel van die lyf
As hy ingaan dan glip hy
As hy uitkom dan drup hy.

Die ou meid van die goederen
Van die poederen
Van die kopsejoe
Van die tratamalie
Van die soet goed
Van die danige lekker goed
Liggaam! daar gaat sy.

Gesondheid!

Gezondheid in de rontijd
Mooi meisjies in de blom tijd.

Gesondheid
in die rondheid
dan lek ons alle mooi meisies
se mond uit.

Gesondheid
in die rondheid
steek jou hand in jou sak
en haal 'n pond uit.

Heildronk

(Op iemand wat in Desember verjaar. Dit word aangepas volgens die maand wat ter sprake is.)

Die in December jarig is, sta op!
Die in December jarig is,
Sta op met heel den vriendendisch;
Staat op, staat op, staat op!
Die in die maand zijn jaar besluit, neem 't glas!
Die in die maand zijn jaar besluit,
Drink met ons allen 't glaasjen uit!
Drinkt uit, drinkt uit, drinkt uit!

Om te hoger om te lager
om te verder om te nader
om te tetter om te knater
hy stink nie hy blink nie
waarom sal ons hom nie drink nie?
– Gesondheid!

Als je dit kan raden
Sal 'k je 'n vogel braden
Als je graag wil drinken
Sal 'k je 'n glaasje skinken.

Gesonge heildronke

Kom skinkertjie skink maar nog 'n maal in
nie te veel en nie te min
laat hom aan jou boesem gly
weg is hy!

Olie olie van die druiwe
wat die droefheid laat verdwyne
laat dit sag na binne gaan
dat ons vriendskap kan bestaan.

Sit dit saggies aan die lippe
laat dit sag na binne glippe
laat dit sag na binne gaan
dat ons vriendskap kan bestaan.

Mooie meisies fraaie bloeme
mooie meisies wil ek soene
mooie meisies het ek lief
een sal wees my hartedief.

– Gesondheid! Daar gaat hy!

Jongie jongie sê maar top
ruk maar op die bottel se prop
wat sal ons aan die nooiens dink
kom laat ons maar 'n sopie drink.

Ta de lieddel-dieddel la-la-la
de lieddel-die-dai-dy de-ta-la-la
ta de lieddel-dieddel la-la-la
vaalhoedjie waarom maak jy so?

Dit is hierom dit is daarom
dit is hotom dit is haarom
dit is hierom dit is daarom
dit is hotom dit is haarom.

Nog 'n doppie asseblief

Diedel diedel deintjie
Vir nog so 'n kleintjie
Oeskameraad
Vir nog so 'n maat.

Mampoerlied
(By die proe van die eerste stooksel van die jaar)

Op Transvaalse grond
Staan 'n boompie hy's rond.
Hy's klein van persoon
Maar groter van kroon.
Sy bessies is rond
Ook regtig gesond.
Ons stamp hom ook fyn
vir wyn en asyn.
Dan neem ons weer tyd
En kook ons konfyt.
Ons kook hom ook fris
Met houtjies en mis.
Sy wasem slaan op
In die ketel se kop.
Hy gaan deur die slang
En die kinders word bang.
Hy lyk nie so kwaai
Maar kom met 'n draai.
Pasop as jy hom drink
Jou asem sal stink.
Jou vroutjie loop vuil
En jou kindertjies huil.
Laat die brandewyn staan
Dan sal dit wel gaan.
Laat die brandewyn los
En werk vir jou kos.

Baklei-sê

(As mens 'n Griekwa aanpraat oor brandewyndrinkery
en daggarokery)

Jou kwagga-snels-se-goed!
Jou aasvogelstank!
Jou herrie-derrie!
Jy wat bobbejaanwyfie se smaaksel is!
Haitsêêêê!
Siestog vir jou!
Moet ekke-goed
jou eet-en-drink lê-bepleister?
Toe, wat is jou woord?
Sprook!

Dreigwoord

(As paar Griekwas baklei oor vaatjies brandewyn by die
pag – dranksmous – gekoop)

Ekke sal hom lê-dood!
Hy sal lê-dood by my!
Dat hoend!
Dat tef!
Dat swetter!
Dat kwagga-muilesel!

III
Dryfryme

Ini Adoni
Trip Kattrap
Ewerem Karewerem
Sietom Saatom
Tijlom Tip.

Ja(g)er en Kriër
Smelt en Tier
Jurias en Lap
Geelbek en Stap
Skilder en Koos
Rechter en Matroos
Engeland en Boontjie
Spie(g)el en Kroontjie.

Jan Tarentaal,
Jan Yster en Staal,
Jan Koekeloerboom, ting-ting,
Aasvoël daarin,
Jan Koggelmander trap bassie koubank,
Klak-klak rooi Klasie vos,
Sandveld se dun basters,
Jou skalmos Antonie Hoogmoed.

Haait! julle rooies van Colesberg!
Met die naelbeeste en die piesangvoete,
Watermeid se kind.
Hiernatoe lê, soontoe lê, vorentoe lê,
Aan met die ding saam!

Jong, jaag uit die osse.
Watter osse, baas?
Die sestien, die rooies
Met hulle wit pense, baas?
Haman en Skuman,
Jupit na Robert,
Hoogmoed en Froms,
na Sojers en Foms,
Sam-Sam na Fomers,
Ruiters na Floors,
Sion en Drieberg
Kom van Ootman en Potberg.

Kleinkat Lierbos
Kram Oorlam
Deurslag en Vlam
Snaar en Kitaar
Skytveld Liefêr
Strykstok en Viool
Hiert, julle kramme!

Brouer en Snouer,
Gewent, Twitterwent,
Klein-Stefanus, Johannes,
Deurslaan, Dam,
Noorskoker net soos kat,
Al wat my nie reken nie ...

Loedwieg,
Hot-k-a-n-t toe, haarkant toe
Alkant toe, vorentoe,
Padgee in die wapad ...

Eland en Engeland
Opslag en Soldaat
Soetjies en Soetland
Hasie en Hoogmoed
Kol en Janbloed
Skipper en Majoor
Maronneblom en Haarsalie.

Trek, julle beeskalwers.
Douland ... Mooiveld ...
Vlakveld ... Lelieveld ...
Stadig, Goeieman ... stadig, jong,
moenie so vasvat nie!

✯

Trek hom ...
Gelyk aan tafel ...
Al sestien ...
Opstaan met die broek, Vlakveld,
opstaan met die broek ...
Trek hom, julle natneuse ...
Moenie vir julle laat lomp nie ...
Sterrenberg, jou ou staatmaker.

✯

Hook – haaa nou!
Effens blaas, lekker ou nasie!

Bêkstaan met die rooibontes
dat JL kan verbykom
met die witkoppe:
Ysterboom Koperboom
Regter en Roos
Skiller en Matroos
Tieroon en Korhaan
Jaer en Krier
Smelt en Tier
Vlam en Waaier.

Nietman en Noorman
Dampie en Bles
Apteker en Regter
Boekhouer en Snel
Hasie en Dassie
Berliek en Berlak
Stout en Benoud
Geelbek en Stap
– Aanstap! Aanstap!!

Afrikaner ...!
Paal en Pasganger
Proesproes en Beesmis
Dorias en Lap
Geelbek en Stap
Engel-a-a-and jou h-e-l!

Optel, Neersit,
Rukker, Plukker,
Stamper, Stoter,
Sklip, Skleur,
Flink, Fleur,
Bles, Prokureur.

Sestien, Bokveld,
Waks, Seeland,
Bantom, Manas,
Tierbêr, Ingeland,
Domkrag, Malgas.

Rukker, Plukker,
Stamper, Stoter,
Soetland, Suutjies,
Sond en Kes,
Kies en Koller,
Sniep en Snoller,
Dowwelaar, Kekkelaar,
Doortjie en Lap.

Thalie, Koffie,
Witpens, Stoter,
Stamper, Krokodil,
Dikvel – vastrap, hotagter;
weglê, Kleingoed;
hierjy, julle rooies;
uitstrek, beeste!

Ja-Krier, Smeltmitier,
Regter en Roos,
Skilder, Matroos,
Swartberg, Kolberg,
Yster en Staal,
Valk en Kalk,
Noorman, Tietoos,
Skinker en Drinker!

Platberg en Rondeberg
Tierberg en Winterberg
Blouberg en Tafelberg
Smalberg en Bulberg
Donkerberg en Stormberg
Rooiberg en Jammerberg
Koperberg en Perdeberg.

Ysterman en Makman
Mooiman en Vryman
Kortman en Pasman
Speelman en Wakkerman
Laksman en Breeman
Kwaaiman en Blesman
Sonman en Gouman
Krygsman en Stuurman.

Kleinveld en Reineveld
Skoonveld en Blomveld
Springveld en Bokveld
Soutveld en Strykveld
Kruisveld en Suurveld
Vlakveld en Rooiveld
Kaalveld en Hoëveld
Grasveld en Strandveld.

Staan uit!
Staan uit!
Vát hóm, my rooies!
Weglê, Rooiland!
Jan Bloed, jou stouterd, opskud nou!
Domkrag, Bruilof,
Vodka-a-a-a-a!
Aanstap, julle rooies!
Padgee vir daardie groot klip, Vaaltyn,
baas se ou grote!
So, so, nog so 'n bietjie ...
mooi so!
Op en wakker, Engelsman ...
Engelsman ...

Hierjy!
Vlakveld, Slangveld,
Drieberg, Holland!
Haar trap, Vuilbaard; hot trap, Skottelpens;
Regter en Roos,
Skilder en Matroos,
Vuurslag en Vlam,
Rook en Damp,
Hierjy, hiernatoe, daarnatoe,
Diékant toe en alkant toe spring.
Die Hotnot van Duusberg!

Duiker, Duiker!
Tolbaster!
Slagter, Hotnot,
Lamhaar, Kloeshaar,
Duishaar,
Enkele bruin baster van Makaartberg,
Enkel gebore uit waboomstam.
Volstruis, jou snotterige knie!
Aleksander, Klipsalmander,
Koggelmanner en Koljanner,
Die een lyk soos die ander.

Afrikander Filander
Pasop en Ganger
Dooielap Roman
laat vat julle
stap
Tier en Duiker
Otter soos 'n Luiperd
Bruintjie is leier
Jakkals is drywer
hy maak sy voorslag van uintjieblaar
Dick Volstruis
kom in die kombuis
en die ou vrou foeter hom
dwarsdeur die huis
met 'n stuk gruis
voorpootjie agterpootjie
is Kootjie
hy gryp die kat
so aan sy stert
so aan sy baard
sê ou Kootjie van Aard
neus soos 'n werwel
is Jan van der Merwel
'n bek soos 'n skêr
is Jan Joubêr
'n neus soos 'n knopkierie
is Frans Fourie
en 'n groottoon soos 'n mouser
is Dannhouser
haai! in jou broek is 'n vlooi
sê Piet van Rooi
o nee! sê Van der Westhuis

dis maar net 'n luis
die storie is op 'n ent
sê die ou President
en my vrou het gemaak dat haar naam is
Poei Pienie Pienarie Pienier
die Raskietie
Moeter
die Pomper.

Doerias en Lap
Geelbek en Stap
Hartjie en Hasie
Kleinkat en Lier
Roos-merie en Geel-merie
– die eerste rooi kleinkallers!

Haasbek, Lierbek,
Hotvoor in die wapad,
Anderkant die klipgat,
Hie-hô-ha, uitspanplek!

Liedjies van die rooispan

Boetie loop keer uit
die osse daarbo
die sestien rooies
die vosperd se baas
Tierberg en Rooiberg
Samsam en Jan
Koljander en Thomas
en Ruiter en Vlam
Geduld en Schoeman
Hoogmoed en Pronk
Opperman en Vaalman
en Vlam en Olam.

Die rooi span osse en die bont bokwa
die haaragter moet die disselboom dra
die hot-op-vier is so wild soos 'n tier
die haar-op-vier kom van Mooirivier
die hot-op-ses is 'n rooie met 'n bles
die haar-op-ses dié doen sy bes.

Koor: Voor die tou is 'n swarte kriek
agter aan die wa is 'n ysterbriek
voor op die wa sit my krulkop-pa
agter op die wa sit my vaalhaar-ma.

Die hot-op-ag dié toon sy mag
die haar-op-ag laat nie op hom wag
die hot-op-tien dié laat hom sien
die haar-op-tien weet om te dien
die hot-op-twaalf is 'n rooi rinkhals
die haar-op-twaalf is die rooi koei se kalf.

Spogsê

(Van die kranige leiselhouer wat die agtperdespan moet beheer)

Ek is –
Lukas Alkaster
die liebe lekker geelbekbaster.
Ek klou die voorleisels en al die snare maar
almelee vaster en vaster.

♣

Ek is 'n lig alleen,
ek bly alleen;
dié wat in my lyf in peuter, dié skop ek ver heen.
Ver in die wêreld lê Calvinie, Calvinie, Calvinia,
ver in die wêreld lê Calvinie, amper so ver soos Pretorija.

Prysrym vir 'n vryersklong

Aitsjê! aitsjê! die pante, die pante!
My ma se kind!
Keek my rietskraal baas!
My baas trap in die ring
En sit terug
Dat die Rabbi kan sy nek buig.
As jy op die bult uitkom,
Trek hom so na die wiegkant toe.
Dan sal Fytjie sê: "Daar kom die Dysman."
Dan staan die nonnie op haar skaarkant en kyk.
Dan sê sy: "Fytjie, dit is hy!"
Dan staan sy so effentjies terug.
"Ja, toe maar, Nonna, nou sal jy 'n ding sien!
Dit is hy. Plaatjie sal netnou kom met die handperd.
Aitsjê, Nonnie, dan sal die ding werk."

Donkies dryf

(Donkiekar)

Hiert! julle katte
lekker draf
lekker draf
Biekgat Bakgat
Viool en Pistool
styf staan
styf staan
sa-sa-sa!

(Donkiewa)

Hotkant toe, Boesnot!
Koffie! Duiker!
Asjas, julle lekkergoed!
Ysj! ... a-a-a-a- ...
Hau ...!!

IV
Aantekeninge

Afkortings

DAK = Departement Afrikaanse Kultuurgeskiedenis, Universiteit van Stellenbosch.
DSAE = *Dictionary of South African English.*
OE = Ons Erfenis-versameling van volkskundige stof.
HAT = *Verklarende handwoordeboek van die Afrikaanse taal.*
SESA = *Standard Encyclopaedia of Southern Africa.*
VAN DALE = *Groot Woordenboek der Nederlandse taal.*
WAT = *Woordeboek van die Afrikaanse taal.*

DAGGARYME

2(1) Griekwas; plek onbekend (Van Zyl 1947:64). Die rym, feitlik geheel en al uit totaal onverstaanbare woorde/klanke saamgestel, wek die indruk dat dit onder invloed van een of ander Khoi-taal moes ontstaan het.
2(2) Korannas; plek onbekend (Grobbelaar/Coetzee 1994:244). Die volkskundige Abel Coetzee wat die rym opgeteken het, meld dit "kom onder die Koranners uit, in die jaar 1887" sonder om 'n bron vir sy stelling te gee. Hy wys daarop dat dit in sekere opsigte verwant is aan dryfryme.
Alkoebaai: Algoabaai.
Met 'n aap: Aapstert, kats.
Sierige: Moontlik "sedige".
Bul van die klub: Uitnemendste van die groep. Die term klub was glad nie so vreemd vir die gewone mense nie. Daar was vroeg reeds krieket- en rugbyklubs. Dit is trouens onder die bruin mense soms tot "klops" omvorm (WAT VI:377).
Rooi lap bees: Klomp rooi beeste.
Rok se stootkant: Omgeboorde onderrand; ook wanneer die soom losgetorring word, die strook wat aangelas is om die rok langer te maak (HAT 1984:1089). Coetzee noem 'n interessante moontlikheid: "Die laaste helfte van die rympie is [...] eintlik 'n verwyt: 'Oom en Tannie wat vir julle so sedig hou, kyk wat het met julle gebeur!'"

3(1) Griekwas; plek onbekend (Van Zyl 1947:64).
Voël fisant, moord en brand en *langs die strand* kom in allerhande vorms in 'n verskeidenheid raaisels voor: "Daar op die rant//Staan 'n swart fisant;//Hy skree moord en brand" (Koffiemeul) "Rooi-Pootjie Fisant//Loop langs die sand;//Al wat hy skree,//Is moord en brand" (Viool) "Kruppel fisant,// Hy kom oor die rant,//Skree moord en brand" (Trein) (Van Rooyen en Pellissier 1954:44, 54 en 68) "Kleine huis,//groot gedruis,//skree deur die land//moord en brand" (Motor)

(Grobbelaar 1975:96).
Sie jy: Seker eerder "siejy", voert!

3(2) Griekwas, Griekwaland-Wes/Suidwes-Vrystaat (Jacobs 1943:100). Die Namakwalandse skrywer A.A.J. van Niekerk neem die eerste twee reëls in effe gewysigde vorm op as slot van 'n vers: "My naam is Jong Trantaal//Gemaak van skoon yster en staal" (1973:22).
An: En, ook 'n.
Snodderige: Snotterige, swak.
Flamasie: Inflammasie.
Askoek maak: Askoek slaan, 'n soort danspassie.
En beeskraal: In beeskraal.

4(1) Griekwas, Griekwaland-Wes/Suidwes-Vrystaat (Jacobs 1943:100). *Oeit:* Ons het in die Wes-Vrystaat altyd gepraat van "Iemand het ge-oeit" as ons bedoel het dat hy omgekap het, selfs dood is. (Vgl. Van Rensburg 1984:570). "Oeit oens oor" kan dus iets beteken soos "Kap ons om".

4(2) Griekwas; plek onbekend. Die volgende drie ryme is deur dieselfde informant opgeteken (Aucamp 1997:196–197).
(1) *Leeg:* Laag.
Stootkant: Soos by 2(2).
(2) *Lampie uit fatsoen:* Hennie Aucamp, wat hierdie groep ryme die eerste maal publiseer, meen dit dui "op 'n verwringing van die visuele werklikheid" onder invloed van die dagga.
Sielie saai saad: Klink soos 'n gedeelte van 'n snelseër of slagyster waar die spreker iets so vinnig as moontlik moet probeer sê sonder dat sy tong struikel. Twee opgetekende voorbeelde: "Sannie Saaiman saai slaaisaad sonder sand" (Van Rooyen en Pellissier 1954:171); "Ek saai slaai saad//Slaai saad saai ek" (Du Toit 1924:43).
In die klip: Tussen die klippe.
Stryk: Seker "stryk aan", stap aan.
Met groot omstandigheid: Daar word waarskynlik bedoel dat hy met baie versigtige treë aanstryk.
(3) *Draai:* Aucamp stel die vraag of daar nie eerder sprake moet wees van "baai" nie – of selfs "Baai", soos ons meermale sal teëkom.
Wiewaai: Moontlik eerder met 'n hoofletter geskryf, as 'n soort pleknaam. So kom dit ook voor by A.A.J. van Niekerk, maar dan as deel van 'n dopvers (1973:26).

5 Griekwas, Griekwastad. Die volgende twee ryme is by dieselfde informant opgeteken soos sy dit by 'n Griekwa-daggaroker gehoor het (OE: VLALG–VIIa (Kasset)).
(1) *Laans:* Langs.

(2) *Dietse Baster:* Duusbaster, duisbaster, diesbaster, die afstammeling van 'n wit mens en 'n gekleurde. Dit is afgelei van "diets/duits/duuts" wat histories gebruik is om 'n Nederlander en die Nederlandse taal aan te dui. Aan die Kaap word dit as ekwivalent vir "wit man" aangewend (Boshoff en Nienaber 1967:198; WAT II:398).

6(1) Korannas, De Aar (WAT-indekskaartjie). Afgesien van die "Voëlfisant" (wat ons reeds teëgekom het), stem dit volledig ooreen met 'n rympieraaisel: "'n Ou kalant,//Lank in die land,//Klein bossie baard,//Maar klipsteen hard" (Koringaar) (Van Rooyen en Pellissier 1954:7).
6(2)-7 Griekwas, Douglas. Die volgende drie ryme is by dieselfde informant opgeteken (OE: RV54).
(1) Die eerste drie reëls kom dikwels as 'n selfstandige doprym voor.
Aghoes: Uitroep waarmee die bruin mense op die plase mekaar gesondheid toewens (WAT I:114).
Aghas: Waarskynlik 'n sinledige stukkie klankespel.
Geelwater: Heuningbier teenoor *vaalwater:* vaaljapie, wyn.
Gebreide wonnerboom: Verbreide/uitgespreide wonderboom. Die Griekwas het meermale so "verhewe" gepraat. Hulle het klaarblyklik ook aan bome met buitengewone eienskappe geglo. (Vgl. V.1.4 vir 'n bespreking.)
(2) *Kaapse Goedet:* Wisselvorm van Hessie Kwedet.
(3) *Alkaster:* Ook "alkiester", 'n spognaam bedoelende: "Híér is jou man", oftewel: "Hier is nou 'n man vir jou" (Van Rensburg 1984:522).
Dytse baster: Soos "dietse Baster" by 5(2).
Baai: Moontlik Algoabaai soos by 2(2).
Ghaai: Term van Khoi-oorsprong met 'n wye verskeidenheid betekenisse, hier moontlik: iemand wat die swakste vaar in die een of ander speletjie (WAT III:237).

8(1) Britstown (DAK: BRIT – I/5). Die eerste drie reëls is 'n variant van 'n bekende uittelrym by die kinderspel: "Ina, dina, dana, dou", ook opgeteken as "Eina, deina, dana, das,//Skotla, weina, wana, was,//Iets, piets, muskadel,//Gras, strooi, wolf is die man" (Du Toit 1924:76). Dan slaan die daggarym egter sy eie koers in.
Tien pistool: Die volksmens gebruik dikwels die enkelvoudsvorm ook vir die meervoud, soos duisend skaap, bees.
8(2)-9 Britstown/Prieska. Die volgende drie ryme is deur dieselfde informant verskaf (OE: RV463).
(2) *Leeg:* Laag.
(3) 'n Bekende rympieraaisel met die oplossing: 'n ploeg, 'n sweep en 'n span osse. Dit is ook op 'n ver verwyderde plek, naamlik George,

presies in dieselfde vorm as daggarym opgeteken (OE: KAAP89-Ib (Kasset)).

10-12 Namakwaland (Garies?) (vgl. V.3). Die volgende sewe ryme is by dieselfde informant opgeteken. Die koppeltekens moet klaarblyklik aandui hoe vinnig die ryme gesê is sodat die woorde feitlik ineenvloei (Van Zyl 1943:31-33).
(1) *Deedlike:* Deeglike.
Alkaster: Spognaam, soos by 6(3).
Duisbaster: "Dietse Baster", soos by 5(2).
Makeb: Klink na 'n pleknaam, maar so iets kon nie opgespoor word nie.
Griekwastad: Interessant is die Griekwa-verband, hoewel die rym so ver van hulle bakermat af opgeteken is.
(2) *Pielie:* Jong eend (HAT 1984:834).
(3) *Doekvoet:* Hy beweeg geruisloos, vinnig en rats (WAT II:220).
Strykystervoet: 'n Ou dansliedjie lui: "Strykystervoet soos dassie,// Deurskynoor soos hassie,//Rooi oog soos lewer,//Bakstert soos meerkat" (Du Toit 1924:175).
Aap: Aapstert, kats.
(4) Die eerste drie reëls is ontleen aan 'n dryfrym.
Optyker: Apteker, veral as 'n mens daarop let dat sy spanmaat Boekhouer is.
Doortjie-Malap: Onder "Dryfryme" sal ons meermale die kombinasie Doerias en Lap teëkom. Doeria(s) was die naam van 'n soort materiaal wat die mense graag gebruik het om klere, ensovoorts, van te maak (WAT II:224). Lap was dus 'n baie geskikte maat vir hom.
Skiller: Skilder, bont (HAT 1984:983).
Glyer-leier: "Glyer" is waarskynlik maar net ingevoeg om met "leier" te rym, wat aandui dat dit die voorosse was.

13(1) Soebatsfontein, Namakwaland (OE: NAM84-IVa (Kasset)). A.A.J. van Niekerk verwys na "Oompie Láátloop" en "Sampie Swareweer" in twee verskillende verse (1973:21 en 22).
Skades: Skaduwees.
13(2) Alexanderbaai (OE: RV-XII/6).

14-16 Calvinia. Die volgende ses ryme is by dieselfde roker opgeteken (OE: RV-II/12).
(1) *Hetsê:* Aitsa, in Griekwa-Afrikaans (WAT IV:233).
(2) *Bok in die lies:* Eerder "hak in die lies", dit wil sê kap die perd met die hakskeen om hom aan te moedig.

(3) *Fieliekondaais:* Moontlik wisselvorm van "fieliekondêm", dit is "stukkend, kapot, klaar met die wêreld" (WAT II:682).
(4) Eerste drie reëls is 'n doprym, soos by 6(2).
Albies albas: Wisselvorm van "Aghoes aghas".
(5) *Deurloper:* 'n Interessante volkse betekenis is opgeteken, naamlik: "Skaap- of bokooi waarvan die anus en die geslagsdele inmekaarloop" (WAT II:113).
Honnenes: Hondenes, dit is die lêplek van 'n hondeteef met haar kleintjies (WAT IV:363).
(6) *Boepmaker:* Boep/boepens moontlik in die sin van swanger (WAT I:465). "Boepmaker" is dan die een wat swanger maak.
16(2) Calvinia (OE: VLALG–Ia (Kasset).
Suurberge: In die Oos-Kaap, na Port Elizabeth se kant toe, hoewel dit bitter ver van Calvinia af is.

17(1) Hermon (OE: RV109).
Plamplier: Populier.
17(2) Paarl (OE: RV506).
Koerantjie: Onwaarskynlik dat 'n nuusblad bedoel word; eerder 'n vervorming van "korhaantjie".
Rooipootjie: Mens moet onthou dat dit ook die naam van 'n soort wildedagga is (WAT II:13).

18(1) Ceres (OE: RV164).
18(2) Ceres (OE: RV396).
Dieter dieter donkerwater: Waarskynlik aangehaal uit 'n snelsêer.
Slagter: Slegter.
18(3) Ceres (OE: RV373). Vergelyk die plaatopname "Daggaputlaagte", pp. 29–31; ook vir *Kajuitkuite:* Kejootkuite.

19(1) Sutherland (OE: RV513). Die eerste agt reëls is gebaseer op die eerste strofe van die gediggie "My pijp" deur Ewald Esselen, altesame sewe strofes lank, wat in 1882 in die eerste Afrikaanse koerant, *Die Afrikaanse Patriot*, verskyn het: "Mij Pijp, mij Pijp, hij is mij maat,//Hij 's bij mij altijd vroeg of laat,//Hij is mij troos en mij plesier,//Wil ek hom hê, dan is hij hier" (Reitz 1916:94). Dis ook gesing (Grobbelaar VII 1996:135–136).
Pertier: Portuur, gelyke (HAT 1984:851). Vergelyk die hele rym met die weergawe op die grammofoonplaat "Daggaputlaagte", pp. 29–31.
19(2) Sutherland. Die informant, wat die rym by 'n daggaroker geleer het, vertel dat hy by die sê van die laaste twee reëls die grondpyp stukkend

geskop het sodat niemand anders daaraan kan kom suig nie (OE: RV510).

Alboessa albassa: Wisselvorm van "Aghoes aghas" en is saam met die latere reël "vaalwater wegblaas" gewoonlik as doprym gebruik.

Vier Ingelsman: Weer 'n enkelvoudsvorm vir die meervoud gebruik.

20 Leeugamka (OE: VLALG–Ia (Kasset)). Gebaseer op die gediggie "Mij pijp" soos by 19(1).

21–22 Oudtshoorn. Hoewel die volgende vier ryme uit dieselfde streek kom, is dit onbekend hoeveel informante daar was (WAT-indekskaartjies).
(1) *Mop:* Ook "mok". Dit lyk asof hier verwys word na skurfte of vuiligheid aan die hakskene sodat van "mopvoet" gepraat word (WAT X: 534).
Sjelme: Skelme.
(2) *Ryneveld:* Van Ryneveld is 'n heel bekende familienaam, maar die gebruik hier is onduidelik.
Rooistootskant: Soos by 2(2).
(3) *Waaitjie van voor ...:* Die optekenaar dui aan dat met hierdie reël 'n volstruis bedoel word. Dit is dus 'n raaisel.
(4) *Spenster:* Venster.
Regter meroos met skiller metroos: Osname, soos in 'n dryfrym, dit is Regter, Meroos (?), Skiller (Skilder, bont) en Matroos.

23(1) George (OE: KAAP89–Ib) (Kasset)).
Leeg laans: Laag langs.
Stootkant: Soos by 2(2).
23(2) Humansdorp (OE: RV53).
Waboom: Soort boomprotea, só genoem omdat die hout gebruik is om die vellings van wawiele van te maak (DSAE 1996:786). Vellings is die boogvormige stukke waaruit die buitenste deel van 'n wiel saamgestel is en waaromheen die waband gekom het (HAT 1984:1229).
Merrieskraal: Waarskynlik 'n plaasnaam.
Kom die aand in die slaapkamer ...: Tipiese grootliegverhaal met die geweldige massa vlooie; verder is dit aand, hy stap huis toe en kom voor sononder tuis.
Ent son: Die son sit nog 'n ent bo die horison.

24 Jagersfontein (OE: RSA91–Ib (Kasset)).
Gombeen: Die enigste verklaring opgeteken, is dat dit die murgbeen van 'n volstruis is, maar daar moet klaarblyklik ook 'n ander betekenis wees (WAT III:349).

25 Bultfontein (Grobbelaar/Coetzee 1994:246). *Booi:* Is gebruik om te verwys na 'n gekleurde arbeider, dikwels ook as eienaam. Dit is waarskynlik afgelei van die Engelse "boy" (Boshoff en Nienaber 1967:179).
Boufort: Gewoonlik word Beaufort-Wes bedoel, maar daar is ook 'n Fort Beaufort.
Steek hom in sy lieste: Kap hom met die hakskene in die lieste om hom aan te moedig.
Sekketaars: Sekretarisvoël.
Stinkgat, Asgat: Dit eindig as 'n dryfrym. Hoewel skaars, gebeur dit tog dat daar soms baie onvleiende osname gebruik word.

26 Vaalwater (OE: RV363).
Gormint: Goewerment.

27 Wes-Transvaal? Abel Coetzee het die rym aangeteken, waarskynlik uit sy eie jeugwêreld. Hy voeg by dat die roker vooraf eers 'n span osname genoem het (Grobbelaar/Coetzee 1994:243-244).
Yster en talgommerental ...: Coetzee meen dat dit die osname Yster en Staal is, en verder Deurbreker, Harpoen (rapoen) en Danster.
Watermeid: Bekende figuur in die Afrikaanse volksgeloof wat in 'n watergat woon. (Vgl. V.1.4 vir 'n verdere bespreking.)
Kieliekie: Coetzee meen dit klink soos 'n uitroep van verbasing by sommige swart mense en staan gelyk aan "Waarlik!" of "Werklik!"

28 Plek onbekend. Die volgende twee ryme is deur 'n anonieme informant opgeteken (Grobbelaar/Coetzee 1994:244).
(2) *Palm pasganger:* Weer twee bekende osname.

29-31 Grammofoonplaat (Gallotone GE228; OE: AFR/P-XXVIIa (Kasset). (Vgl. V.1.4 vir 'n volledige bespreking.)
Spenster: Venster.
Deedlike: Deeglike.
Kaatjie Kadet: Wisselvorm van Hessie Kwedet.
Kejootkuite: Moontlik 'n wisselvorm van "kejols", dit is "katools" (WAT V:471).
Op die kantjie sit ou Antjie: Deel van 'n stapelrym wat by die kinderspel gebruik is as uittel- of uitbofrym om eers te bepaal wie aan en wie uit is. 'n Variant: "Agter die rantjie sit ou Antjie,//Deuskant die spruitjie sing ou Truitjie", en verder: "'Daar trek 'n hasie' sê Jan van Sasie (Visagie?)//'Skiet hom met die pyl' sê Jan van Zyl" (Du Toit 1924:71).
Diegger diegger dol Baster: Waarskynlik deel van 'n snelseër.

Slagter: Slegter.
Leeg: Laag.
Stootkant: Soos by 2(2).
Mooie meisies ...: Die eerste twee reëls is 'n effe verbrokkelde aanhaling uit die bekende "Nonnaslied" wat gewoonlik begin met die woorde: "Mooie meisies, fraaie bloeme" (Du Toit 1924:257-260).
Staan 'n ding wat rietskraal is: Waarskynlik nog 'n aanhaling uit 'n volksliedjie, maar die liedjie self is ongelukkig onbekend. Daar word meermale in liedjies gespog met 'n rietskraal kêrel of nooi.
So skudde wy die boom: Die laaste vier reëls kom feitlik woordeliks ooreen met 'n ou dansliedjie (OE: RV343).
My pyp my pyp: Nogmaals 'n aanpassing van die ou gediggie met dié titel, soos by 19(1).

32(1) Wupperthal (OE: NAM85-Ib (Kasset)).

32(2) Graaff-Reinet (Burden 1991:507).

33 Zoar (Burden 1991:506)

Roeker: Na 'n daggaroker word gewoonlik verwys as 'n "rooker" of 'n "roeker".
Entjies: Sigaretentjies, stompies (WAT II:564).

34 Belfast (OE: RSA86–IIa (Kasset)).

Ek hou my lyf: Deel van 'n bekende dansliedjie. Die formule "Ek hou my lyf soos dit of dat" word gebruik om 'n hele verskeidenheid nuwe strofes te skep. (Vgl. Grobbelaar 1997:107–109).

DOPRYME

36 Bokkeveld. Die eerste vier ryme is, volgens Boerneef, by dieselfde geleentheid deur 'n dopontvanger gesê (Boerneef 1938/1979:33–34).
(1) Dit is blykbaar eintlik 'n dryfrym. Ja-hom (Janblom?), Tier, Yster en Staal kan almal osname wees.
(2) *Halter met 'n las:* Gewoonlik "sleghalter", dit is 'n nikswerd (HAT 1984:1006).
(3) *Die was ... en die harekam:* Herinner aan die ringdansliedjie "Wie sal staan vir die laaste in die baan?//En ek hou my lyf so lam en tam,//Van al die was en harekam" (Du Toit 1924:160).
(4) *Semeltou:* Hou waarskynlik verband met die werkwoord "semel", dit is om te seur of te sanik. So ook "semelbroek" vir 'n lomp, skaam mens en "semelknoper" vir 'n vervelige mens (vgl. HAT 1984:953).
Geelwater: Heuningbier.

37 Bokkeveld. Die volgende twee ryme word deur Boerneef aan dieselfde dopontvanger toegeskryf (Boerneef 1938/1979:45).
(1) *Ik ben ...:* die rymsêer hou sy lyf blykbaar prediker en gebruik die Nederlandse vorm – die "verhewe" taal van vroeër jare by die godsdiens.
Sindelinghaan: Sendelinghaan, oftewel 'n haan van 'n sendeling, 'n bobaas-sendeling.
Ghroetes: Velde; die woord is waarskynlik van Nama-herkoms (Boshoff en Nienaber 1967:257).
Namakwalaan: Wisselvorm van Namakwaland.
Ho-palieters, daarlemieters en taarlietaners: Mens moet saamstem met die kommentator R. Schutte (1963:42–45) dat hier waarskynlik Ou-

Testamentiese volkere bedoel word, maar dan laat die "sindelinghaan" se kennis hom klaarblyklik in die steek. In "ho-palieters" kan 'n mens nog miskien Israeliete herken, maar "daarlemieters" klink darem alte veel na "Darlingiete" en "taarlietaners" na "'Taljaners".
(2) Die hele rym is 'n ou raaisel met as oplossing "'n koolstoof" of " 'n lantern" (Van Rooyen en Pellissier 1954:45 en 51).

37(3) Bokkeveld (DAK: STR–IV/17). Die rym is by Boerneef se broer opgeteken. Boerneef gebruik dit effe anders in sy bundel *Krokos:* "Die gansnes in die ruigtepol//die strykloperbruinperd met die kol//gooi hom vol ouseurtjie vol" (1958:89).
Stryk op: Beteken waarskynlik om 'n perd 'n stryk of 'n gang te laat loop.
Seertjie: Seurtjie, basie.

37(4) Bokkeveld, ens. (Vgl. OE: RV509). 'n Wyd bekende doprym wat ons reeds verskeie kere onder die daggaryme teëgekom het. Boerneef gebruik dit ook in feitlik dieselfde vorm, maar dan as inleiding tot 'n langer vers (1958:55).
Aghoes: Gesondheid!
Aghas: Sinledige klankespel.

38 Sutherland? Deur N.P. van Wyk Louw mondeling aan een van sy studente meegedeel. Hy sou dit waarskynlik uit sy jeugjare in Sutherland onthou het (Schutte 1963:48).
Ngap: Die optekenaar voeg hierna tussen hakies by "klap", wat seker bedoel dat dit bloot 'n klapklank is.
Rooi donker en kol: Die eerste drie reëls is blykbaar deel van 'n dryfrym. Rooi donker, Kol, Helfas (Halfmas?), Delmas, Kleinge(n)sbok en Korente kan almal osname wees.
Onder in die sand moord en brand: Herhaaldelik by daggaryme teëgekom.
Ho! moenie skiet nie! ...: In vertellings oor die Anglo-Boereoorlog kom hierdie gesegde meermale voor.

39 Sederberge. Die volgende vyf ryme is oorgeneem uit M.I. Murray se boek *Witwater se mense.* Die skryfster sê in die voorwoord dat haar informant spesiaal die "drinkrympies" gaan optekenen het (1974:40–41).
(1) *Hier en daar ...:* 'n Bekende volksliedjie lui: "Jou hier jou daar//jou doringblaar//vaalhoed se baas" (Grobbelaar IV 1991:2).
(4) *Span vier in:* Vier donkies, muile of perde. Daar bestaan nie iets soos 'n span van vier osse nie, en die Sederberge, soos Namakwaland, is buitendien nie beeswêreld nie.

(5) *Samghoes, samghang:* Wisselvorm van "Aghoes aghas".

40-44 Sederberge. Die volgende ses ryme is by dieselfde informant opgeteken (Van Zyl 1975:79-80; OE: RV500, 505 en 513).
(1) *Alkaster:* Spognaam, soos by 6(3).
Willie: Moontlik "wilde".
Dysbaster: Dietse Baster, soos by 5(2).
Is die lekkerloop: Moontlik eerder "Dit is ..." Daar bestaan talle soortgelyke verbindings met "lekker", soos "lekkerlag", "lekkerluister" en "lekkersing" (WAT IX:193). Hier word dalk bedoel dat die kêrel so 'n lekker pas gestap het.
Vlooi, wolf: Word waarskynlik gepersonifieer in hierdie klein "verhaaltjie" en kan miskien eerder met hoofletters geskryf word.
Ghoeroe: 'n Wye verskeidenheid betekenisse van Khoi-herkoms is opgeteken. Dit kan 'n soort wilde vy wees, maar dis ook 'n wisselvorm van "ghoera", 'n musiekinstrument, of van "koeroe", 'n holte in 'n rots wat reënwater opvang en as veesuiping kan dien (WAT III:245-246).
Molvel: Letterlik die vel van 'n mol wat gebrei is om byvoorbeeld 'n beursie van te maak, of anders 'n soort materiaal wat vroeër veral gebruik is vir mansklere (WAT X:492).
Spraak: Word ook soms in die betekenis van "praat" gebruik.
Deetlike: Deeglike.
Onder die potdeksel: Die laaste drie reëls klink na 'n soort spreuk: "Dis goed en wel om praatjies te maak, maar daar is dinge van belang wat eerder dig gehou moet word."
(2) *Vat hom maar 'n bietjie klein:* Moenie te veel op 'n slag drink nie.
Ou Piet ...: Nou gaan dit oor in 'n daggarym.
Boplaas: Geen verband met Boerneef se Boplaas word vermeld nie. Blykbaar is hier 'n woord verswyg, want dit moet seker wees: "agter Boplaas se dam".
Moet: Met.
Sy hare krul: Die daggaroker se verbeelding sit met hom op loop; hierdie krullende hare kan die rook wees wat uit die pypkop opslaan.
Pff, pff: Hy is terug by die drank en blaas daaroor voor hy die dop wegslaan.
(3) *Deetlike:* Deeglike.
Tankwasrivier: Naby Wupperthal.
Dytlike: Duidelike, opvallende.
Dan breek ek 'n kettang: Dit lyk asof hy nou met 'n span osse deurmekaar is.
Goet luk: "Good luck", 'n seldsame voorbeeld van Engelse invloed.

(4) Naklanke van daggaryme kom in die eerste vyf reëls voor.
Kaatjie Kedet: Wisselvorm van Hessie Kwedet.
(5) *Bokkapater* ...: Die eerste vyf reëls is as uittelrym opgeteken: "Aterkapater,//Spring in die water,//Vang 'n vis,//Gooi hom in 'n kis,//Kyk wat dit is;//Dis 'n geel akkedis" (Du Toit 1924:49).
Lyster: Luister; die volksmens sê: "Wat staan (en) luister jy my so?" as hy bedoel: "Wat staan jy my so en beskou?"
(6) *Vroom:* Hier waarskynlik in die konteks van heel onskuldig (vgl. HAT 1984:1324).

45 Sederberge. Die volgende twee ryme is van dieselfde informant (Van Zyl 1975:77; OE: RV502).
(1) Die eerste sewe reëls draai al om osname en is eintlik deel van 'n dryfrym.
Langdoringlap: Waarskynlik 'n lap (klomp) bome met lang dorings.
Symde: Engels "same", selfde. (Vgl. vir 'n bespreking ook van die ryme by 46(2) en 47(1), afdeling V.)
45(3) Sederberge (De Klerk 1953:16).

46–47 Clanwilliam. Die volgende drie ryme is van dieselfde rymsêer afkomstig (OE: NAM84–Ib (Kasset)).
(1) Dit begin weer as dryfrym met 'n groep osname. *Flinkfloor:* Moontlik het ons hier te make met 'n naam gebaseer op die ou term "flinker" vir 'n aansienlike en flink kêrel (WAT II:711).
(2) In Loeriesfontein is 'n liedjie opgeteken: "Die uitrypos//die môrester//die rooi bottel wyn//van Modderfontein" (OE: NAM77–Ia (Kasset)). Volgens die informant was/is Modderfontein 'n warmbron naby Citrusdal.
Uitrypos: Soos "veepos", 'n buitepos op die plaas waar vee opgepas word.
Deurloophalters: Ons het die term halter al meermale teëgekom in die betekenis van 'n nikswerd, as 'n "sleghalter" (WAT IV:56). Vir "deurloop" vergelyk 15(5).
Die deurloophalters van Jonas Walters ...: Klanke/woordespel met name soos in boerespellings. (Vgl. later by 75.)
(3) *Haai-haai* ...: Gebaseer op die bekende liedjie "Aai aai die witborskraai".
Kokergat: Daar bestaan 'n geweldig wye reeks betekenisse van "koker" (WAT VI:679 e.v.) Moontlik word hier die een of ander soort houer bedoel.
Dis die pap tamatie: Bekend as 'n selfstandige kwatryn op 'n rielwysie

gesing: "Die ryp tamatie (2X).//Die Here weet alleen//ek het nog niks gehad nie" (Grobbelaar 1997:101).
Ek steek my sak: Gewilde manier waarvolgens 'n hele dansliedjie opgebou is met telkense herhaling van "Ek steek my sak vol dit of dat", of "Ek hou my lyf soos ..." (Grobbelaar 1997:107–109).
Alkoester is alkaster: Spogname, soos by 6(3).
47(2) Citrusdal (OE: RV125).

48 Vredenburg (*Die Burger* 12 Okt. 1996:5).
Vaalwater: Vaaljapie, wyn.

49 Fraserburg. Die volgende ses ryme is by dieselfde informant opgeteken (Burden 1991:507, 508 en 510).
(1) en (2) Voorbeelde van sogenaamde spog-, pronk- of brêkryme (van die Engelse "brag"). (Vgl. Van Zyl 1975:75 en 81.)
(3) Twee tipiese vergelykings in die volkstaal (soos o.m. opgeteken deur Kok 1942:156 en 176).
(4) Ook opgeteken as 'n dansliedjie, op 'n rielwysie gesing (Grobbelaar 1997:58).
Skilpadkransie: Kan 'n dansfiguur by 'n ringdans (kransie = kring) aandui. (Vgl. Grobbelaar 1997:155.)
(5) *Gesondheid in die blomtyd:* Inkorting van die gebruiklike heildronk: "Gesondheid in die rondheid//mooi meisies in die blomtyd".
(6) *Knip haar draad:* Stuur haar planne in die war (WAT II:277).

50 Barrydale (DAK: BAR–II/31).
Die skraal kêrel van die Paarl: Dit was 'n gewilde bedryf by die ou rymers om so met pleknale te speel.
Hondebos: Hondepisbossie (WAT: IV:362).
Vandat ek g'n baard meer het nie: Beteken moontlik omdat sy baard weens ouderdom al veryl het, word hy nie meer geëer nie.

51–52 Heidelberg (Kaap). Die volgende vier ryme is van dieselfde informant afkomstig (OE: RV502 en 507).
(1) Die eerste vier reëls kom as dansliedjie voor: "Meisiesfontein,//Jou ware fontein,//Daar loop 'n stroom wyn//So dik as my duim" (Du Toit 1924:182).
(2) *Stootgare:* "Op stootgaren liggen" is 'n Nederlandse spreekwoord wat verwys na 'n situasie waarin 'n mens gereed is om tot handeling oor te gaan. (Vgl. Van Dale.)
(4) Die eerste vier reëls soos by (1). Dan volg 'n variant van ses reëls

van die lied "Myn bruine oge" wat reeds in *Ons Klyntji* opgeneem is (Sept. 1897:151; vgl. Du Toit 1924:197-198).
Die rondte van die grond: Waarskynlik "die grond hier in die rondte".
53 Suidwes-Afrika (DAK: LEO-I/11).
Akoes akas: Die soveelste variant van "Aghoes aghas".
53(2) Plek onbekend (*Die Burger* 5 Okt. 1993:9). Voorbeeld van 'n spogrym soos by 49(1).

54 Sederberge. Die volgende twee ryme kom in *Witwater se mense* deur M.I. Murray voor (1974: 110 en 125).

55 Sederberge (OE: NAM84-Ib (Kasset)).
Haar wangetjies so rooi als bloed: Die laaste agt reëls kom uit volksliedjies. (Vgl. Grobbelaar V 1995:50 en 97.)

56 Sederberge (OE: NAM84-Ib (Kasset)).
Ghoem: Die term het 'n verskeidenheid betekenisse, maar dit kan ook 'n daggapyp beteken (WAT III:244). Die volgende vier reëls word dan ook herhaaldelik in daggaryme aangetref.
Tinktinkierivier: Klink na 'n denkbeeldige pleknaam, want so iets kon nie opgespoor word nie.
Sy gesiggie: Veral in die Noordweste word die manlike voornaamwoord dikwels ook vir vroue gebruik.

57(1) Sederberge (OE: RV513).
Aboes abas: Vervorming van "Aghoes aghas".
Rooibaadjie: Ou benaming vir 'n Engelse soldaat, maar die opset hier is nie duidelik nie.
Kaatjie Roedet: Wisselvorm van Hessie Kwedet. Die res kom meermale by daggaryme voor.
Sleghalter: 'n Nikswerd (HAT 1984:1006).
Met 'n las: Om iets te dra, of iets te trek.
57(2) Citrusdal (OE: RV126).
Kalboes kalbas. "Aghoes aghas" totaal vervorm.

58 Mosselbaai, al vier die volgende voorbeelde. Die informant skryf: "In Mosselbaai-omgewing het die oumense daarvan gehou om 'n rympie op te sê terwyl 'n drankie geskink word" (DAK: MOS-VIII/4).
(1) Dis 'n raaisel oor 'n bottel wyn, of 'n viool (Van Rooyen en Pellissier 1954:31 en 55).
Gedeugde: Eintlik net "deugde".

(2) Dit maak werklik geen sin nie, maar klink bloot na 'n woorde/klankespel, soos 'n mens ook by snelseërs kry.

(3) Een van die dubbelsinnige raaisels waarvoor ons oumense lief was. Die "stout" betekenis is ooglopend; die onskuldige: 'n windpomp met sy stang wat af- en opgaan om water uit te bring (soos skrywer dit al gehoor het).

(4) Die eerste ses reëls is 'n uitgebreide weergawe van 'n raaisel omtrent 'n by en sy heuning (vgl. Grobbelaar 1969:163).

Liggaam: Legaim/lagaim, dit is: "Gesondheid!" (WAT IX:174).

59 Natal. 'n Baie ou drankspreuk, glo reeds in die sestigerjare van die 19de eeu in Verzamelberg (Grobbelaar 1997:175-176) gehoor (OE: RV–IV/28).

59(2) Sederberge. Dit is by 'n dop heuningbier gesê (OE: NAM84–Ib (Kasset)).

59(3) Philadelphia (DAK: JALG–VIII/20).

60(1) Dal Josafat, Paarl (Malan 1939:1).

60(2) Suid-Kaap (OE: RV–XIII/1). Die gaste staan teenoor mekaar, en terwyl hulle die rym opsê, beduie hulle met hulle glasies hoër en laer, verder en nader, ensovoorts.

60(3) Heidelberg (Kaap) (OE: RV504). Eintlik vorm hierdie kwatryn die tweede deel van 'n raaisel, en is dit bloot bygevoeg om die luisteraar te verwar, of sy aandag af te trek. Die werklike raaisel wat voorafgaan, lui: "Hoog omhoog,//Krom geboog,//Wonderlik geskape." Dit is 'n reënboog (Van Rooyen en Pellissier 1954:60).

61(1) Koringberg, Moorreesburg (OE: VLALG–IVa (Kasset)).

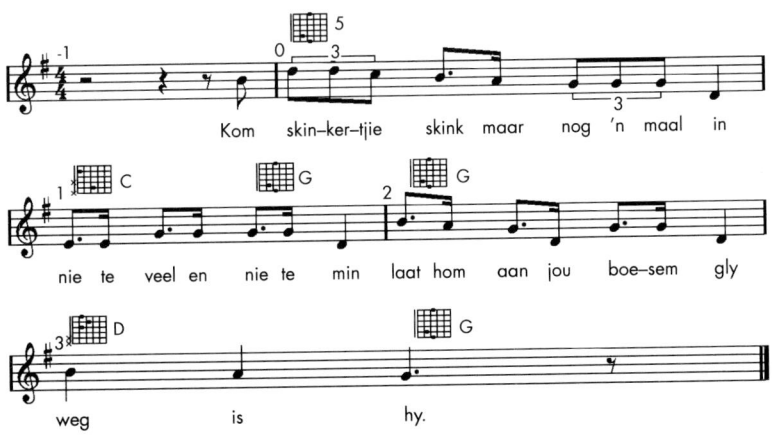

Die mense neem, glasies in die hande, teenoor mekaar stelling in en sing hierdie rondelied.

61(2) Lydenburg, Petrusburg en Robertson (OE: TVL84–Ia; Du Toit 1924:310; DAK: ROB–IV/16).

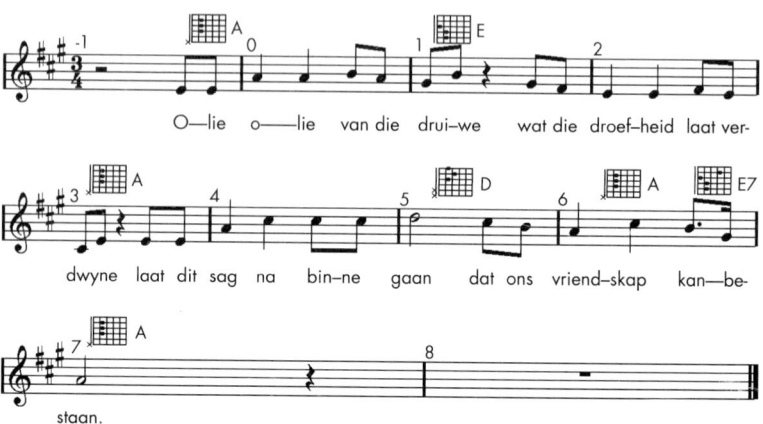

Dit word gesing op die wysie van die "Nonnaslied" (Du Toit 1924:260), soos duidelik blyk uit die derde strofe, wat daaruit oorgeneem is.

62(1) Kroonstad (OE: TVL84–IVa (Kasset)).

62(2) Cala/Oos-Londen (DAK: JALG–XII/7).

63 Lydenburg (OE: RV437).

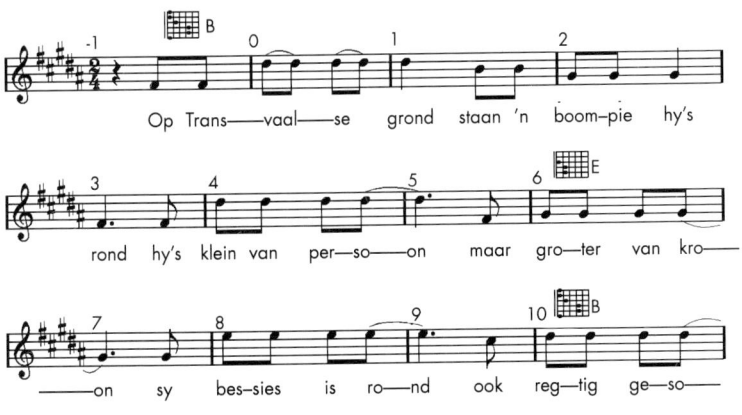

Die informant se oupa het altyd mampoer van geelperskes gestook. Sodra die eerstes gereed was, is die ander mans op die plaas ('n stuk of twaalf, vyftien – glad nie vreemd vroeër jare nie; baie was seker bywoners) in kennis gestel. Elkeen skep 'n doppie uit die emmer, hulle gaan staan in 'n kring en sing hierdie lied. Die woorde is 'n verkorte, effens aangepaste weergawe van "Ver [vir] dopstekers", 'n rym van 82 reëls deur A.J. Herholdt wat op 15 Augustus 1876 in *Die Afrikaanse Patriot*, die eerste Afrikaanse koerant, verskyn het (1974:127–128).

64. Griekwas, Griekwaland-Wes, Suidwes-Vrystaat (Jacobs 1943:26–27). Hierdie twee stukke Griekwa-Afrikaans is wel in prosavorm neergeskryf, maar skrywer het nog altyd gemeen dat dit eintlik twee vrye verse is.

(1) *Herrie-derrie:* "Herrie" is 'n eufemisme vir hel of duiwel in 'n sinsnede soos "Iemand op sy herrie gee" (WAT IV:217). En "derrie" was 'n soort blou materiaal wat vroeër jare vir rokke en hemde gebruik is (WAT II:92). Maar "derrie" word hier klaarblyklik bloot bygevoeg as versterking van "herrie" om iets soos "helhond" uit te druk.
Bobbejaanwyfie se smaaksel: Iets wat 'n bobbejaanwyfie smaak, waarvan sy hou.
Haitsê: Aitsa (WAT IV:34).
(2) *Lê-dood:* Dood laat lê.
Hoend: Hund, die Duits vir hond.
Tef: Teef.
Swetter: Klaarblyklik 'n samevoeging van die skelwoorde "swernoot" en "wetter".

DRYFRYME

66(1) Plek onbekend (Schonken 1914:97). Die name van die span of dryfrym klink soos die klankespel wat 'n mens by sommige uittelrympies kry.

Adoni: Adonis, die naam van die pragtige jong man uit die Griekse mitologie wat by ons spottend vervorm is tot "adoons", 'n bobbejaan (Boshoff en Nienaber 1967:123).
Trip Kattrap: Herinner aan die beginreël van die bekende kinderrym: "Trippe trappe trone".
Ewerem: "Ever" is die Nederlandse benaming vir 'n wilde vark (Van Dale 1961:533).
Sietom: Siet/sien-hom.
Tijlom: Die enigste Tijl/Tyl by ons bekend, was die narrefiguur Tyl Uilspieël, oorspronklik in Duits Till Eulenspiegel. Hierdie Till is glo 'n verkleiningsvorm van die voornaam Dietrich (Erich en Beitl 1955:179).
Tip: Die uiterste punt van iets (HAT 1984:1148) – 'n gepaste naam vir 'n vooros. Spanne is gewoonlik van agter na voor benoem.
66(2) Plek onbekend (Schonken 1914:97). Saam met voorgaande die vroegste optekening van 'n span Afrikaanse osname/dryfrym, rondom 1900.
Ja(g)er en Kriër: De Jager en Kruger, albei vanne. Osname kom dikwels in sulke by mekaar passende pare voor.
Jurias: Die naam maak nie juis sin nie, tot 'n mens daarop let dat sy spanmaat Lap is. Dan moet dit eintlik Doerias wees, soos later meermale aangetref word, want "doeria(s)" was 'n soort materiaal waarvan vroeër klere, ensovoorts, gemaak is (WAT II:224).
66(3) Uniondale (Grobbelaar/Coetzee 1994:244). Eintlik is dit 'n daggarym met elemente van 'n dryfrym bygemeng.
Bassie: Kan saamgetrek wees uit iets soos "besyde die", dit wil sê "naas, aan die kant van" (WAT I:395). Dis blote spekulasie, maar word tog genoem om weer die aandag daarop te vestig dat wanneer die ongekunstelde volksmens aan die woord is, spraakreëls nie saak maak nie.
Koubank: Skrywer het mense in Namakwaland hoor praat van iets soos "ghou-gate" (met 'n klapklank aan die begin) om plekke aan te dui waar hulle gekleurde klei gegrawe het om hulle huise te wit. "Koubank" kan dus moontlik "kleibank" beteken.
Skalmos: Skelm os.

67(1) Oudtshoorn (Grobbelaar/Coetzee 1994:246).
Naelbeeste: Die plek waar die naelstring by geboorte vas is, bly in die geval van bulle (en osse) baie prominent, in teenstelling met verse en koeie, omdat dit ook die eindpunt van die peester is.
Piesangvoete: Krom pote, of in elk geval afwykende pote. Die volksrymelaar se verbeelding sit met hom op loop. Lees dit saam met die volgende reël.

Watermeid se kind: Die watermeid is 'n bekende figuur in die Afrikaanse volksgeloof. Verder word geglo dat daar ook rivier- of waterbeeste en rivierperde is, met gewebde pote om beter te kan swem. Die osse kan dus maklik as "watermeid se kind" aangespreek word; die gebruik van die enkelvoudsvorm vir die meervoud is, soos ons reeds gesien het, baie algemeen. (Vir 'n verdere bespreking, vgl. V.1.4.)

67(2) Ladismith (OE: RV-XIII/3). Wyk af van die gewone dryfrym deurdat die name van die osse nie bloot in volgorde ná mekaar opgenoem word nie. Dit versterk die vermoede dat die name wat in 'n dryfrym voorkom, nie noodwendig die werklike name van die span was nie, maar bloot deur die drywer gebruik is omdat dit lekker op die tong lê. (Vgl. V.3.) Vgl. ook met 79(1).

68(1) George (OE: Kaap 89-Ib (Kasset)).
Kram: 'n Dier waarop staatgemaak kan word (WAT VIII:121).
Oorlam: Oorlams – bedrewe, handig (HAT 1984:787) – dus weer 'n paar name wat by mekaar pas. Vergelyk verder in hierdie span: Snaar en Kitaar, Strykstok en Viool.
Deurslag: Deurweekte, moerasagtige grond (WAT II:119). Vlam, sy spanmaat, is dus eintlik die teenoorgestelde.
Skytveld: Dis selde dat sulke negatiewe name voorkom, en dit bevestig die vermoede in 67(1) uitgespreek.
Liefhêr: Liefhêer.

68(2) Cradock (Grobbelaar/Coetzee 1994:245).
Gewent: Wisselvorm van "gewoond" (HAT 1984:286).
Deurslaan: Seker soos Deurslag in vorige rym. Dit sal dan goed pas by sy maat, Dam.
Noorskoker: "Noors" kan 'n wisselvorm van "nors" wees (HAT 1984:739). Van "koker" is 'n wye verskeidenheid betekenisse opgeteken, ook uit die gewone spreektaal, wat wissel van 'n houer vir pyle tot 'n manlike dier se roede. Jy kan ook sê: "Iemand moet sy koker roer", bedoelende "hy moet sy gat roer" (WAT VI:680–681). By uitbreiding kan 'n mens miskien aflei dat "noorskoker" iets soos "norsgat" kan wees.

68(3) Calvinia (Grobbelaar/Coetzee 1994:246).

68(4) Calvinia (Grobbelaar/Coetzee 1994:313).
Maronneblom: Moontlik 'n sametrekking van die name van die maart- of belladonnalelie (WAT I:367).
Haarsalie: Salie is 'n bekende plantnaam, met "haarsalie" seker 'n onopgetekende streeknaam. Dis selde dat twee blomname aan osse gegee word.

69 Bokkeveld (Boerneef 1938/1979:32). Dit is Boerneef se weergawe van hoe 'n span teen 'n skerp steilte uit aangepraat word. (Vgl. ook V.3.)
Gelyk aan tafel: Die osse moet gelyk trek (Van der Merwe 1981:49).
Broek: "Die osse dra broek" word gesê as die diere goed vet is. "Opstaan met die broek" beteken dus iets soos: "Roer julle boude" (vgl. Van der Merwe 1981:46).
Lomp: Hier as werkwoord gebruik, beteken dit fop, uitoorlê, die oorhand kry oor (Van der Merwe, 1981:56).

70(1) Senekal (OE: RV343).
Bêkstaan: Trustaan.
Rooibontes/witkoppe: Die mense het dikwels baie moeite gedoen om 'n span osse met 'n eenderse voorkoms bymekaar te kry.
Ysterboom Koperboom: Twee interessante nuutskeppinge rondom die metale yster en koper.
Skiller: Skilder, bont.
Jaer en Krier: (De) Jager en Kruger.
70(2) Bethlehem (OE: RV48).
Nietman: Baie gepaste naam (maar 'n bietjie onvleiend) as 'n mens daaraan dink hoe 'n os wel 'n os geword het.
Noorman: Moontlik eerder Noorsman, dit is "nors man", wat 'n goeie maat vir Nietman sal wees.
Berliek en Berlak: Klink na blote klankespel.
70(3) Ladybrand (OE: RV47).
Beesmis: Weer 'n baie ongewone skeldnaam vir 'n os.
Dorias: Eintlik Doerias, soos by 67(1).

71(1) Nylstroom (Grobbelaar/Coetzee 1994:308).
Optel, Neersit; Rukker, Plukker; Stamper, Stoter: Interessante woordespel.
Sklip, Skleur: Klankespel, dalk afgelei van Klip en Skeur.
71(2) Pietersburg (Grobbelaar/Coetzee 1994:309).
Bantom: Bandom, dit is 'n dier met 'n wit streep om die lyf (WAT I:328).
Manas: Klaarblyklik 'n vervorming van die een of ander naam of woord.
Tierbêr: Tierberg.
71(3) Groot-Marico (OE: RV48).
Kes: Afgesien daarvan dat "kês" te make het met melk wat skif wanneer dit gekook word, of iets van dié aard, is daar ook "kês/kes" uit die kinderwêreld. Waarskynlik afgelei van die Engelse "cash", word gesê dat jy iemand sy kês/kes gee as jy hom met 'n ligte vuishoutjie uitdaag

tot 'n geveg, of dit kan ook na 'n vuishou tydens die geveg verwys (WAT V:607).
Kies en Koller, Sniep en Snoller: Lyk weer na 'n klankespel.
Douwelaar: Dobbelaar.
Doortjie en Lap: Doerias en Lap, soos by 67(1); Doortjie is eintlik 'n koeinaam.
71(4) Platrand, Volksrust-omgewing (Grobbelaar/Coetzee 1994:313).
Thalie: Kan uit 'n swart taal afgelei wees, of selfs 'n vervorming van Charlie wees.

72 Standerton (Grobbelaar/Coetzee 1994:303–304). Abel Coetzee se volledige bespreking van hierdie span word gevolg.
Ja-Krier, Smeltmitier: Die eerste is 'n sametrekking van (De) Jager en Kriër/Kruger, soos by 66(2). Die tweede is Smelt en Tier.
Noorman, Tietoos: Laasgenoemde is 'n vervorming van Titus. Die twee name kon oorspronklik dié van twee slawe gewees het.
Skinker en Drinker: "Laat 'n mens onwillekeurig dink aan die geskiedenis van die bakker en die skinker in die Bybel."

73 Plek onbekend. Die volgende drie spanne is opgeneem in 'n radiopraatjie van Abel Coetzee sonder enige aanduiding waar hy daaraan kom (Coetzee 1966:11). Dis trouens moontlik dat Coetzee 'n klompie klinkende osname self so ingespan het.

74(1) Middelburg (Transvaal). (Quass 1975:144). 'n Goeie voorbeeld van hoe 'n jong boer met sy span gesels.
74(2)–75 Middelburg (Transvaal). Die volgende twee ryme kom van dieselfde informant (Grobbelaar/Coetzee 1974:246–247).
(1) *Duusberg:* Blykbaar 'n denkbeeldige pleknaam. "Duus-" soos in "dietse Baster" by 5(2).
(2) Eintlik 'n daggarym. *Slagter, Hotnot:* Seker eerder "slegter Hotnot", soos ons meermale teëgekom het.
Lamhaar, Kloeshaar, Duishaar: Langhaar, Kroeshaar, Duis/duushaar, dit wil sê hare soos dié van 'n duusman.
Makaartberg: McCarthy's Crag tussen Grahamstad en Fort Beaufort.
Gebore uit waboomstam: Ons het reeds by 6(2) gesien dat die Griekwas aan wonderbome geglo het. Ook Credo Mutwa, erflike hoë toordokter van die Zoeloes, bevestig dat boomverering 'n oorheersende plek in die swart volksgeloof inneem (1964:33). (Vgl. V.1.4. vir 'n verdere bespreking.)
Aleksander, Klipsalmander: Ook weergegee as "alexander-klipsalmander", 'n ou dansvorm (WAT I:145).

76–77 Newcastle (OE: RV320). Die hele rym, hoewel as dryfrym gebruik, is 'n tipiese daggarym waarin elemente van 'n dryfrym opgeneem is.

Pasop en Ganger: Gewoonlik kom 'n mens dit teë as Pas en Pasganger.

Dooielap: Blykbaar 'n sametrekking van Doerias en Lap.

Met 'n stuk gruis: Blote rymelary.

Voorpootjie agterpootjie is Kootjie: Boerespelling, soos hier onder verduidelik word.

Sê ou Kootjie van Aard: Voorbeeld van 'n stapelrym, soos by 29–31.

Neus soos 'n werwel//is Jan van der Merwe ....: Gebaseer op die sogenaamde boerespellings wat vroeër 'n gewilde tydverdryf was. Die vraag word gestel: "Wat spel Jan van der Merwe?" Die antwoord: "'n Bottel en 'n kan spel Jan,//'n Deur sonder werwel spel Van der Merwe (1)" (Van Rooyen en Pellissier 1954:183).

Sê Piet van Rooi: Weer 'n paar stapelryme.

Haar naam is//Poei Pienie ....: Die rym eindig met 'n klankespel.

78(1) Otjiwarongo, Suidwes-Afrika (OE: RV442).

Roos-merie en Geel-merie: Interessante spel met die Engelse naam Rosemary.

78(2) Waterberg (Grobbelaar/Coetzee 1994:243).

Lierbek: As alternatief word Leeubek aangegee. Daar word vertel dat 'n os wie se bek gedurig kwyl die naam Lierbek gekry het, maar die verband is nie duidelik nie (Grobbelaar/Coetzee 1994:306).

79(1) Knysna (Lamprecht: TM49 (SAUK-kasset)). (Vgl. 67(2)).

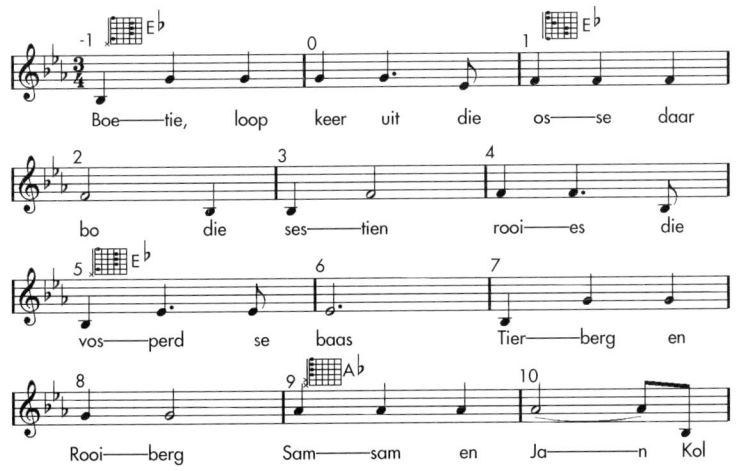

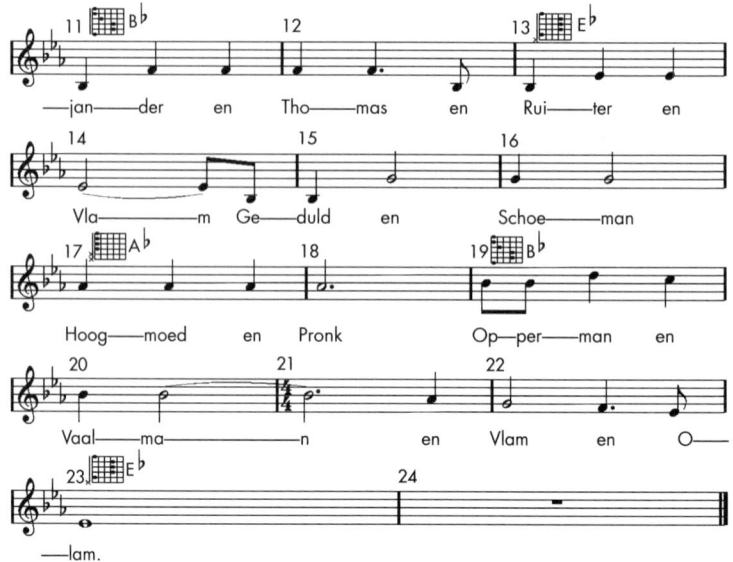

Die enigste lied bekend waarin 'n ossespan by die naam besing word.
Samsam: Dalk eerder Simson. (Vgl. ook 67(2).)
Olam: Seker Oorlam(s), soos by 68(1).

79(2) Wyd deur die land bekend (Grobbelaar/Coetzee 1994:241–246; OE: RV-XIII/5; Grobbelaar V 1993:134–135).

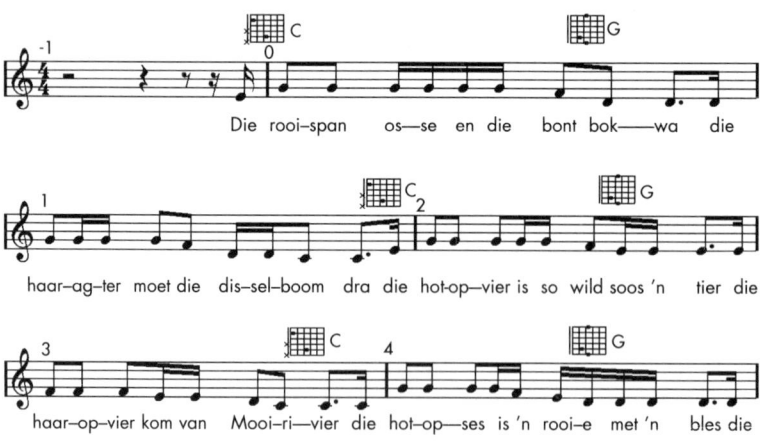

Swarte kriek: Swart touleier. (Vgl. V.3 oor die benoeming van die osse se plekke in die span.)

80(1) Bokkeveld (Boerneef 1938b/1979:155). Die eerste drie reëls klink soos 'n aanhaling uit 'n daggarym.
Lukas Alkaster: Spognaam, soos by 6(3).
Liebe: Duits vir liewe.
In my lyf in: Met my lyf.

81 Waterberg (Grobbelaar/Coetzee 1994:247). Merkwaardige voorbeeld van die staljong wat die jongkêrel "prys" as hy uitry om te gaan vry.
Pante: Baadjiepante. Hier word seker verwys na die "pikkedelliebaadjie" wat teen die einde van die 19de eeu in die mode was: 'n lang baadjie met 'n slip in die middel. Die naam is afgelei van die Engelse "Piccadilly" (Van der Merwe 1981:59).
Keek: Kyk.
In die ring: In die stiebeuel.
Die Rabbi: Seker die perd se naam. Abel Coetzee meen daar is "'n duidelike vergelyking tussen die pronkende perd met sy krom nek en 'n biddende Joodse geestelike", maar dit is twyfelagtig.
Wiegkant toe: Laat hom wieg oor die aarde, trippel.
Skaarkant: Met 'n "skaar" word gewoonlik die lem onderaan 'n ploeg wat die grond sny, aangedui; hier word miskien bedoel dat die meisie skerp staan en kyk.

Handperd: Bykomende perd wat die ruiter aan 'n riem saam met hom lei (WAT IV:76) – seker vir die nooi om 'n entjie saam met die kêrel te gaan ry.

82(1) Upington (DAK: UPI–II/5).
82(2) Transvaalse Hoëveld (Joubert 1951:75).

NAWOORD

Stem van die ekstase

Daar bestaan 'n unieke groep volksryme in Afrikaans rondom die rook van die daggapyp, die ontvang en/of die drink van 'n dop wyn of heuningbier, en die dryf van 'n ossespan. Hoewel hulle as dagga-, dop- en dryfryme ingedeel word, vloei die tipes meermale ineen, word deel van 'n daggarym as doprym of dryfrym aangewend, en omgekeerd. Verder opmerklik is dat, anders as by die meeste ander volkspoësie, feitlik deurgaans van die vrye versvorm gebruik gemaak word.

Die verklaring vir die ontstaan van hierdie ryme lyk voor die hand liggend. Die roker/drinker/drywer verkeer in 'n toestand van ekstase, en die woorde rol oor sy lippe. Die skrywer Hennie Aucamp sê dan ook:

> Daggaryme verteenwoordig vir my 'n surrealistiese tradisie in die Afrikaanse poësie: verse wat sonder 'n duidelike tussenkoms van die rede geskep is (1997:196).

Daar is ooglopend surrealistiese trekke in talle van hierdie ryme, en soms lyk dit voorwaar asof die rede gewyk het. Maar dan moet ook onthou word dat geen menslike skepping sonder die rede moontlik is nie. Selfs die blote vorming van woorde, al is dit ook nuutskeppinge wat vir die luisteraar geen sin maak nie, is al 'n redelike daad. Die ganse menslike bestaan word beheers deur rede en emosies, dan met die een en dan met die ander op die voorgrond, maar geeneen van die twee is ooit heeltemal afwesig nie.

Die redelike element verklaar hoe dit gebeur dat daggaryme hoegenaamd opgeteken kan word. G'n mens sal die daggapyproker se borrelende woordevloed kan aanteken – veral sonder die hulp van moderne apparaat soos die bandmasjien – indien die rymsêer nie later in staat is om dit woord vir woord te herhaal nie. Iewers moet dit in sy geheue ingegrif wees. Die grootste gros van die ryme is inderdaad opgeteken by mense wat dit vir die aardigheid by daggarokers geleer het.

So ook lyk dit net nie moontlik dat die daggaroker in 'n toestand van meerdere of mindere beswyming in staat sal wees om 'n nuwe rym te skep en dit later weer oor te sê nie. Dit moet ook maar wees soos die groot Engelse digter William Wordsworth dit verduidelik:

[P]oetry is the spontaneous overflow of powerful feelings; it takes its origin from emotion recollected in tranquillity; the emotion is contemplated till, by a species of reaction, the tranquillity gradually disappears, and an emotion, kindred to that which was before the subject of contemplation, is gradually produced, and does itself actually exist in the mind (1800/1954:25-26).

Al sou hy ook al rokende invalle beleef, beskik hy nie oor die vermoë om dit aan te teken nie, soos 'n mens meermale van 'n formele digter hoor dat hy iets op byvoorbeeld die agterkant van 'n sigaretdosie neerkrabbel. Nee, die daggaroker moet alles in sy kop doen. Terwyl hy sy oomblikke van "geluksaligheid" met sy daggapyp herbeleef, moet hy sy rym/e bedink om sy pyp en dié se inhoud te prys. Want of dit nou ook al handel oor die dagga, die dop wyn of heuningbier of die span osse wat vas in die juk lê – hierdie ryme is wesenlik prysryme.

Dan moet 'n mens ook onthou dat net soos ons nie almal digters is nie, sal alle daggarokers ook nie daggarymers wees nie. Dit bly 'n kwessie van talent. Die volksmens word nie outomaties 'n ander soort wese net oor hy nie kan lees of skryf, of in elk geval nie sy vindinge neerpen nie. Ons het dan ook in die aantekeninge gesien dat meer as een rym, selfs tot sewe, aan dieselfde sêer (by die dagga of die dop – maar, interessant genoeg, nooit by die dryf nie) toegeskryf word.

Verder blyk dit dat so 'n rymsêer getrou gebly het aan sy rym/e en dit steeds gebruik het sodat dit naderhand met hom verbind is. Tog, waar so iets net in die geheue bewaar word, is dit vanselfsprekend dat variante sou ontstaan het. 'n Sprekende voorbeeld is in verband met 'n doprym opgeteken. 'n Bejaarde doprymer, Meerka Hanekom (88) van Clanwilliam, het sy eie skepping in 1984 só voorgedra:

Dis die rooi bottel wyn van Modderfontein
dis die uitrypos van Stellenbosch
dis die deurloophalters van Jonas Walters
gat in die baadjie was Kaatjie
brommer en maaier was Piet Boonzaier.
    Amen.

'n Ander informant het die rym egter jare tevore soos volg by hom geleer:

Haai-haai
die witborskraai van Lambertsbaai
die blou papier van Hexrivier

die uitrypos van Stellenbosch
die deurloophalters van Tera Walters
die gat in die baadjie van ou Kaatjie.
   (OE: NAM84–Ib (Kasset))

Net so merkwaardig is nog 'n geval van 'n doprym, dié keer uit die Sederberge. Die skrywer W.A. de Klerk, wat hierdie wêreld sedert 1937 dikwels besoek het, publiseer in 1953 'n "prysrympie" by die dop wat hy hier opgeteken het:

Rooi donker se donkerland,
Blesman se maat.
Seeman en Snyman,
Veld en vlier
Jaar op bier,
Smelt op tier.
Holland se lucifer,
Opsteker en toldraaier,
O, dis die langhaarlap,
Dis die seimde koppie,
Maar dis net 'n ander stap!
   (De Klerk 1953:16)

Dis natuurlik eintlik wesenlik 'n dryfrym met die eerste agt reëls 'n rits osname. Terloops, "lucifer" is onder meer die Nederlands vir 'n vuurhoutjie. Dekades later, in die vroeë sewentigerjare, is die rym weer opgeteken deur prof. Wium van Zyl terwyl hy besig was met veldwerk vir sy M.A.-verhandeling oor die Afrikaanse volkspoësie:

Rooi donker soos donkerland
Blesman se maat
Sêman en snyman
Veld en flier
Ja hom tier
Hollandse liefhêer
Opsteker en toldraaier
dis die langdoringlap
dis die symde koppie
maar met 'n ander stap.
   (Van Zyl 1975:77)

In hierdie geval is dit ongelukkig nie bekend of die twee variante dalk met 'n tussenpose van jare by dieselfde informant opgeteken is nie, maar dis ook moontlik dat ons te make het met 'n rym wat van een geslag na die volgende "vererf" is.

Dit is trouens nie vanselfsprekend dat elkeen wat 'n rym laat rol self die skepper daarvan was nie. Die daggaroker byvoorbeeld, kon dit by 'n mederoker gehoor het, of by 'n tussenganger wat dit by 'n roker geleer het. Die volksmens ken nie iets soos plagiaat nie. As 'n ding hom aanstaan, neem hy oor, pas aan – moontlik omdat hy sleg gehoor het, of sleg onthou, of aan iets beters dink – maak dit sy eie, en daarmee basta. Dat daggarokers rymgoed by mekaar oorneem, blyk baie duidelik uit die talle ooreenstemmende elemente wat herhaaldelik in verskillende ryme voorkom: "Voëltjie fisant", "die rok se stootkant", "Hessie Kwedet", ensovoorts.

Hoe is dit moontlik, veral waar die plekke van optekening soms so ver uit mekaar geleë is? Die mense het vroeër jare glad nie so afgesonderd geleef, verlore in 'n wye land, as wat ons soms wysgemaak word nie. Die San en die Khoi was nomade, en hulle afstammelinge het dikwels 'n nomadiese streep behou. Selfs in Natal was die Voortrekkers (en onder hulle was talle bruin mense; ons weet nie presies hoeveel nie, maar as jy in ag neem dat by Bloukrans en Weenen meer as twee honderd van hulle saam met 281 wit mense gesterf het, moes hulle oorgenoeg gewees het.) Ja, selfs in Natal was die emigrante gereeld in kontak met die Kaapkolonie, en hulle is onder meer deur smouse besoek. Daar was genoeg oorloë om vegsmanne, waaronder die Kaapse pandoere, oor groot afstande heen te voer. Die diamant- en gouddelwerye was suigkragte wat kulturele hutspotte laat ontstaan het. Transportryery het geslagte lank mense van heinde en verre in aanraking met mekaar gebring. Ensovoorts.

En elke mens verteenwoordig sy eie klein kultuurwêreldjie bestaande uit erfgoed by sy ouers en gesinslede en volksgenote oorgeneem, leengoed by ander mensgroeperinge met wie hy in die loop van sy lewe in aanraking kom, en sy eie nuutskeppinge. So word die individuele kultuurwêreld opgebou en voortdurend aangepas. Al word van 'n volkskultuur gepraat, bestaan 'n volk maar net uit eendersvoelende en eendersdenkende enkelinge (en hierdie "eenders" kan soms ook maar baie "anders" wees). Dis die enkeling wat vir 'n nuwe stukkie kultuurskepping verantwoordelik is; net twee enkelinge is nodig om kultuuroordrag te laat plaasvind. Ja, nietig is die mens en hy kan binne 'n oogwenk uitgewis word sodat sy plek hom nie meer ken nie, maar tog ook magtig. So ontstaan die nuwe daggarym by die enkeling, en van hom af word dit na 'n ander enkeling uitgestraal.

1 Daggaryme

1.1 Die daggaplant

Dagga is inheems in Indië (en elders in die Ooste) en staan algemeen as Indiese hennep of hasjisj bekend (*Cannabis sativa*, alternatiewelik *Cannabis indica*). Hasjisj is 'n term van Arabiese oorsprong en beteken "droë kruie", die vorm waarin dit as bedwelmingsmiddel gekou, soos tee getrek en gedrink of gerook is (Boshoff en Nienaber 1967:278-279; WAT II:13). Dit is in Indië gekweek as bedwelmingsmiddel, maar ook vir die stingelvesels waarvan matte, toue en sakweefsels gemaak is. Die sade is as voëlvoer gebruik, en olie uit die sade in die plek van lynolie aangewend. Vandag word dagga wyd – hoewel onwettig – aangeplant in Suid-Afrika, Europa (tot in Rusland) en Amerika (SESA III:541; WAT II:13).

Dit word gewoonlik aanvaar dat dagga uit die Ooste – net soos tabak uit Suid-Amerika – deur die Portugese seevaarders en handelaars lank voor die koms van Jan van Riebeeck aan die inboorlingstamme van Suidoos-Afrika bekendgestel is. Die benaming dagga is van Khoi(Nama)-herkoms: *daXa-b*, moontlik afgelei van *duXan*, die Arabies vir tabak (Boshoff en Nienaber 1967:193). Dit is dan die sogenaamde makdagga. Aansluitend hierby het 'n hele reeks nieverwante inheemse plante bekend geraak as wildedagga, klipdagga, stranddagga, knopdagga. Nog alternatiewe name opgeteken, is veld-, koppies-, rooi(pootjie)-, kaffer-, malkop- en perdedagga, asook duiwelstabak en Kaapse hennep. Die droë blare van sommiges is nes makdagga gerook, maar sonder die bedwelmende uitwerking (SESA III:543; WAT II:13). In dele van die Kaap word kakiebos, 'n indringerplant uit Argentinië waarvan die saad gedurende die Anglo-Boereoorlog saam met perdevoer vir die Britse magte die land ingebring is, ook wildedagga genoem. Nog 'n rookbare indringer uit Argentinië is jantwak (WAT V:31).

By die Griekwas is later die naam dwaalbos vir makdagga opgeteken. Dit is blykbaar as eufemistiese term gebruik, soos J.F. Jacobs verduidelik in die beknopte studie wat hy oor hierdie mense geskryf het. 'n Griekwa-informant is aan die woord. As jy 'n Griekwa die herrie in wil maak, moet jy vir hom vra wat se dagga rook hy nou weer vandag, en watse brandewyn drink hy. Nee, dis dwaalbos en "versterkkreu" (versterkkrui). Maar net daarna vertel hy vrolik van die vaatjies brandewyn of "versterkkreu" wat hulle by die "pag" (dranksmous) gekoop het, en van die daggapype wat hulle gemaak en die dagga wat hulle gekweek het (1942:26-28). Dwaalbos word ook sonder meer deur die plantkundige O.A. Leistner as sinoniem vir dagga aangegee (SESA III:541).

'n Laaste naam kom ter sprake. Dagga het in skollietaal veral as "boom" bekend geraak. Dis verrassend, wanneer 'n mens die term verder ondersoek, om vas te stel dat dit blykbaar afgelei is van die Bybelse boom van die kennis van goed en kwaad, die boom wat tot Adam en Eva se ondergang gelei het (DSAE 1996:97 en 733).

Die swart volkere, synde landbouers, het dagga gekweek, en die San en Khoi sou dit by hulle geruil het. Tog is daar aanduidings dat sommige Khoi-stamme, hoewel hulle in die algemeen geen landbou beoefen het nie, wel dagga aangeplant het (Elphick 1985:63).

Dagga en tabak (om te rook, te pruim of te snuif) het 'n geweldige houvas op die inheemse bevolking gekry. So het dit 'n vername rol in die ruilhandel en selfs in arbeidsverhoudinge gespeel. Dis algemeen bekend dat in Van Riebeeck se tyd 'n skaap by die Khoi geruil is vir 'n stuk roltabak gemeet aan die punt van die dier se neus tot by die punt van sy stert. Byna drie honderd jaar later vertel 'n Griekwa:

> As die Grikwa se vleiskos min word en hy weet dat die Boesman 'n groot jag gemaak het, dan stap hy met die dagga na die Boesman se werf en van doer af beduie hy. Dan word die Boesman mal van blyigheid en vir 'n stop dagga gee hy sommar 'n gemsbok se hele boudvleis. (Jacobs 1942:27).

Anders Sparrman, die Sweedse geneesheer en botanis wat tussen 1775–1776 'n reis na die Oos-Kaap onderneem het, vertel dat hy die Khoi wat hom vergesel, tevrede hou deur vir hulle dagga of tabak te gee. Toe twee van hulle op 'n baie warm dag oor hoofpyn kla, gee hy vir hulle 'n bietjie dagga om te rook (1977:62 en 99).

Ons weet dat van die boere fyn gekerfde daggaplante met die perdevoer gemeng het. (Vgl. OE: RV–II/12.) Daar is geglo dat dit die diere besonder lewendig onder die saal of in die tuig maak.

Verder het die boere dagga geneeskundig aangewend. Vir uitwendige kanker lui die raat:

> Krap 'n daggaroker se pyp uit en smeer die olie aan die kanker, die wortels gaan dan dood en rys uit en jy trek dit met 'n tangetjie uit.

Vir sinkings moet 'n mens daggabrandewyn opsit. Dit beteken dat fyn dagga in 'n bottel brandewyn gegooi en so gelaat is om eers 'n ruk te staan. Daggapille is goed om van inwendige wurms ontslae te raak (S.A. Akademie 1965/66: 322, 680 en 947). Dagga op kookwater getrek soos tee is 'n middel teen belroos. Daggawater is goed om wonde te ontsmet (WAT II:14).

Omtrent die aanwending van dagga in die formele geneeskunde deel Hennie Aucamp 'n interessantheid hier uit die dertigerjare mee:

> Die mense in die Stormberg-wêreld van my jeug, meer bepaald Burgersdorp se kant toe, was redelik ontspanne oor daggagebruik. 'n Bekende Burgersdorpse dokter het 'n daggapypie aanbeveel vir sy beroerte-pasiënte [...], (1997:194).

Dit bevestig wat mev. E.J. Dykman reeds in 1891 in haar bekende *Kook-, koek- en resepte boek* aanbeveel het:

> Die sieke mak dagga laat rook; en als hij nie self kan rook nie, dan kan 'n ander die rook in sijn mond inblaas tot sij tong los gaan, dan kan hij self rook (1917:128).

Die kweek van dagga en die daggahandel is reeds in 1907 deur wetgewing in Kaapland verbied, maar die groot, landswye verbod het in 1928 gekom (SESA III:542).

1.2 Daggapype

Volgens die vroegste verwysings het die Khoi dagga gekou of dit – natuurlik gedroog en fyngemaak – gemeng met water en gedrink. Iewers moes hulle egter die rookgewoonte en die gebruik van pype by Europeërs aangeleer het, en van toe af het hulle met groot vindingrykheid hulle eie pypvorme ontwikkel. (Vgl. Elphick 1985:62.)

Op sy eenvoudigste is 'n stuk hol murgbeen gebruik. Op grond van sy Namakwalandse waarnemings het A.A.J. van Niekerk later geskryf dat so 'n murgbeenpyp eenvoudig bestaan het uit die oopgekapte halwe boudbeen van 'n bok of skaap. In die oop holte is die rookgoed gestop en deur die ander, poreuse kant is 'n gaatjie geboor om die rook deur te suig. So 'n stopsel is dan met 'n kooltjie brand gemaak (1975:26; OE: RV510).

'n Mens lees van pype gemaak van gebakte klei met baie kort stele sodat dit nie so maklik afbreek nie, en later selfs van klippype uit sagte groen puimsteen of pypklip, maar dis 'n moeisame proses (Van Niekerk 1975:25-26). Volgens nog 'n latere waarneming het die San 'n pypkop van klei of klip in 'n knapsakkie saamgedra, met 'n los (hout)steel om daarby te gebruik aan 'n riempie om die nek gehang (Dornan 1925:122).

Horingpype was gewild, en 'n hele verskeidenheid het voorgekom. Carl Pehr Thunberg, nog 'n Sweedse geneesheer en botanis wat tussen 1772 en

1775 drie reise aan die Kaap onderneem het, beskryf sulke pype wat die Khoi en swartmense gebruik het, bestaande uit 'n bokhoring

> ... near the pointed end of which is bored a hole; in this is put a short hollow stick, and upon that the stone bowl. In smoking they stretch their mouths over the wide end of the horn, and draw a few large whiffs (1986:103).

Dan is daar die horingwaterpyp waar die proses net omgekeer is. Nou word die wye punt van die horing met 'n houtbodem afgesluit, en net daarbokant die gaatjie geboor waarop die hol stukkie hout of rietjie met die pypkop van klip of klei kom. Die dun kant van die horing word afgesaag, of nog 'n gaatjie geboor om te suig. Die horing word gedeeltelik met water gevul, en as die roker 'n skuif vat, borrel die rook deur die water om dit af te koel en tegelykertyd 'n deel van die bedwelmende bestanddele op te los (SESA III:541; WAT IV:407).

Die koning van alle pype, ook vir die sê van daggaryme, is egter die grondpyp. Op sy eenvoudigste is dit maar net 'n gaatjie in die grond met 'n kort tonneltjie aan 'n opening verbind waar gesuig word. So iets kan dan ook sommer weer maklik stukkend geskop word (OE: RV510). Hendrik Jacob Wikar, die weggeloopte Kompanjiesdienaar wat van 1775 tot 1779 tot by die Oranjerivier rondgeswerf het, beskryf by sy terugkeer reeds 'n meer gesofistikeerde grondpyp wat hy by die Khoi gesien het:

> Zy maaken de kleygrond nat en bewerken hem taay, dan steeken zy schuyns van weerskanten 2 stokkies in de kley regt over malkander, en uytgetrokken dan probeeren zy of 't getroffen is met de stokkies en of 't lugt geeft; dan word er wat water ingegoeyd. In de eene gat word tobak gestopt, dan leg den rooker op zijn buyk, den rook uyt de eene gat trekkende en een ander steek den tobak in brand (1915:123).

Allerhande variasies is moontlik, ook tipes waar die waterbad heeltemal weggelaat word. Dan word dit

> in die grond gemaak deur ('n hopie) klam aarde vas te druk om 'n voorwerp wat by verwydering 'n ongeveer $4^{1}/_{2}$ duim diep loodregte gaatjie nalaat, die pypkop, waarvandaan 'n 6-8 duim lange, ondergrondse kanaaltjie [tonneltjie] aan die kant van die hopie uitmond of verbind is met 'n mondstuk, gewoonlik 'n stukkie murgbeen of fluitjiesriet, regop in die klei geplant (WAT III:449).

Die pyp kan ook verder afgewerk word, soos nog 'n beskrywing lui:

> Hy het self vir hom 'n lekker pyp van potklei gemaak. Die steel was van riet en vooraan die steel het hy twee lippe gemaak, sodat sy lippe mooi daarop kon pas (OE: RV–II/12).

In die loop van die 20ste eeu, veral ná die rook van dagga onwettig verklaar is en dit gevaarlik geword het om met 'n daggapyp betrap te word, het dit gebruiklik geraak om "zolle" (daggasigarette) sommer van koerantpapier te draai en só te rook.

1.3 Die rookproses

Toe die inboorlinge eers leer rook het, was hulle uitermate lief daarvoor, maar dit was blykbaar net tot die mans beperk. Dis uiters selde dat 'n mens 'n verwysing teëkom soos by Thunberg dat Paarlse Khoi-meisies graag tabak met 'n kortsteel-pyp gerook het (1986:46). Thunberg skryf verder dat die Khoi tabak, of tabak gemeng met dagga, gerook het, en as dit nie beskikbaar was nie, het hulle wildedagga of selfs renoster- of olifantmis gebruik (1986:315). Sparrman noem ook nog sekere boombasse, mos, blare en perdemis waarby dan, indien beskikbaar, die ou houtsteel van 'n pyp fyn gesny is ter wille van die pypolie waarmee dit versadig is om die geur te temper (1977:62).

'n Toneeltjie wat Thunberg skets van 'n groepie tabakrokende Khoi kan net sowel op dagga betrekking hê, of dalk was daar dagga gemeng met die tabak:

> It was pleasing to observe with what cordiality the Hottentots, as well those who lived upon the farm, as the strangers who had accompanied us hither, offered each other the regale of the tobacco-pipe. Having set themselves down in a circle, the pipe went from one to the other round the whole company. Each man taking a few large whiffs, at last gets his mouth full of smoke, a small part of which he swallows, and puffs out the remainder through his nose and mouth (1986:94).

Byna twee eeue later teken J.F. Jacobs 'n groep van drie rokebroers, drie Griekwas: Fielmon, Platjie en Jantjie. Dié keer is dit egter klaarblyklik 'n grondpyp, want ons hoor hoe Fielmon "in biddende houding oor die daggapyp" stelling inneem. Dan is dit Platjie se beurt:

Met 'n ratse beweging plak Platjie sy krullippe op die steellose dagga-pyp en eers nadat hy gesuig-soen, die wange diep-hol getrek en die daggaborreltjies deur die rietjie laat kwagga-dans het, raak sy tong los (1942:99-100).

Ons sal weldra meer hoor omtrent die rol van 'n stuk riet by die daggaro-kery. Belangrik is dít dat Platjie nou 'n daggarym sê. Dan kom 'n ander lid van die geselskap, blykbaar Jantjie, aan die woord met nog 'n daggarym. 'n Paar weke later word Fielmon ernstig siek, en uit sy twee vriende se reaksie blyk dit dat die daggapyp gemeenskaplike besit was:

Jantjie en Platjie het hom daaraan herinner dat die daggapyp net deur drie in een geniet kon word (1942:101).

'n Namakwalandse rooksessie word deur A.A.J. van Niekerk beskryf. Daar is net van "gekerfde boertwak" sprake, maar daar kon net sowel dagga bygemeng gewees het. In die aantekeninge is trouens vermeld hoe Van Niekerk flardes van daggaryme klaarblyklik in Namakwaland leer ken het. Dis 'n murgbeenpyp wat ter sprake is.

Al die twak word aan die jongste grootman oorhandig en hy begin die pyp tydsaam stop. Intussen rangskik die ander hulle in volgorde van ouderdom rondom die vuur. Dan neem die jongste die gestopte pyp na die oudste en terwyl die oudste trek, hou hy 'n stokkie met 'n bran-dende kooltjie voor teen die twak. Dan gaan neem hy weer sy plek op sy hurke in. Oudste neem 'n paar vinnige diep trekke en hou die rook so lank as moontlik in die longe terwyl hy die pyp na die volgende aangee. So kom dit nou op die ry af (1975:26).

Alle ander 20ste-eeuse optekenings het egter te make met rokers wat elkeen op sy eie met sy pyp bedrywig is. G.J. Joubert skryf in sy boek *Penwortels* oor ene Boesman en sy daggahoring (1945:144). In die WAT op Stellenbosch se kaartjie-indeks is twee koerantverwysings aangeteken. Die eerste kom uit die Johannesburgse koerant *Die Transvaler* van 10 Mei 1947.

Vandag sal die ou daggapyp daar agter die kraalmuur nie kans kry om koud te word nie. Hy wat Fieland Fielander is, sal hom vandag laat rond en bont staan. Laat die ou staatmaker-grondpyp maar net eers onder die hetekole kom.

Op 30 Oktober 1947 vertel Renier, rubriekskrywer van *Die Volksblad* in

Bloemfontein, van "Outa Willem" se rokery. Ook by geeneen van die daggarympies deur skrywer en sy studente opgeteken, is daar ooit sprake van 'n daggarokende groep nie. Altyd is dit 'n individu, byvoorbeeld Petrus Coetzee, 'n bruin man op 'n plaas in die distrik Calvinia:

> Petrus het van die dagga, wat vir die perde gevoer is, gesteel. Ou Petrus het dan, as hy begin dronk word, met elke skyf [skuif] wat hy vat 'n rympie opgesê. Petrus het ook die manier gehad om met 'n mondvol water 'n skyf te trek. As hy die water uitspoeg, het die rook dan by sy mond en sy neus uitgeborrel (OE: RV–II/12).

Die beste beskrywing van 'n daggaroker in aksie kom voor by D.H. van Zyl in sy boek *Swerwerspore*. Die toneeltjie speel hom af op 'n ongeïdentifiseerde Namakwalandse dorp. Daar is egter sprake daarvan dat die skrywer die vorige dag op Wallekraal was, en ná die ontmoeting haal hy die trein Kaapstad toe. Dit kon net by Bitterfontein gewees het, die eindpunt van die spoorlyn in Namakwaland. Die naaste dorp tussen Wallekraal en Bitterfontein is Garies. Die roker ter sprake het pas vir hom 'n voorraad by 'n daggasmokkelaar aangekoop. Die pyp is 'n grondpyp in 'n holte onder 'n plat vaalklip in die hoek van die stal versteek.

> Gehurk op sy knie, die hoed opsy gegooi naas hom, met sy oë styf toegepers, blaas hy saggies in die pypholte om die boonste los assies te verwyder voordat die nuwe lading bygevoeg word. As alles nou in gereedheid is, word daar in die hoek gevroetel, 'n geutvormige bamboesriet van 'n nege, tien duim lank word te voorskyn gehaal, 'n swawelhoutjie aan brand gesteek en 'n paar snel op mekaar volgende suigtrekke met die mond plat op die grond, word uitgevoer. Toe die eerste rookdampe by mond en neus uitborrel, gaan dit gepaard met 'n droë, stikkende hoesbui.

Hier kom nou die riet te pas waarna ons ook reeds vroeër verwys het:

> 'n Mondvol water uit die verslete militêre waterkannetjie aan sy sy, laat kieste bult staan. Korrrrr ... gaan dit as wange insuig en rook en water in die mondholte meng. Met 'n snel handbeweging word die rietgeut in posisie gebring: Vaalblou blasies gly soos skape of kalwers wat uit die hok huppel langs die gleuf af en word begelei met ['n] rympie wat met bedwelmende vaart afgerammel word.

As 'n gesplete riet nie beskikbaar is nie, so lees ons elders, is sommer 'n stokkie teen die mond gehou om die water daarteen te laat afloop (WAT III:449). Maar terug by die daggaroker van Garies. Sy besoeker vra hom om nog 'n skuif te vat.

Sonder teenspraak word vir die tweede maal die lippe tuitgetrek om die murgbeenmondstukkie van die pyp; 'n geroggel soos dié van 'n borskwaallyer in benoudheid word gevolg deur 'n hygende neus-en-keelgeluid. Die rietpunt word teen die stalmuur gedruk, 'n stroom vog waarop rookblasies dryfloop [...] word met 'n linkse en regte draaibeweging behendig beheer sodat die blasies weerskante van die rietpunt dan hot dan haar gekeer word, om eindelik te ontplof. [...]. (Van Zyl 1943:30–31).

Net interessantheidshalwe kan ons daarop wys dat 'n roker met sy grondpyp Anton van Wouw (1862–1945) geïnspireer het om sy bekende beeldhouwerk "Daggaroker" te skep.

1.4 Die daggarym van naderby

In geen enkele vroeë bron of latere studie oor die San en Khoi kom 'n mens 'n verwysing teë dat ryme by die rook van dagga gesê is nie. Die vroegste vergelykbare voorbeeld is 'n waterverftekening uit 1835 deur Charles Davidson Bell van 'n Matabele-daggaroker wat die lof van sy leier, Mzilikazi, besing (Kennedy 1966:155–B681). Die eerste rym in hierdie versameling, toegeskryf aan 'n Griekwa en in 1942 gepubliseer, skep egter die indruk dat dit sterk onder Khoi-invloed staan, wat tot die gevolgtrekking lei dat die Khoi wel in die een of ander stadium daggaryme moes geskep het. Of dit nou juis deur die Griekwas of (ook) deur ander Khoi-afstammelinge verder in Afrikaans ontwikkel is, bly 'n ope vraag. Dis egter 'n feit, soos weldra aangedui sal word, dat 'n beduidende persentasie van die ryme by Griekwas opgeteken is.

Die optekening van Afrikaanse daggaryme het lank agterweë gebly. Die vroegste vier voorbeelde kom voor op 'n Africana-plaatopname deur ene W.S. Doubell (niks verder is omtrent hom bekend nie), omstreeks uit die jare 1937/38, getiteld "Daggaputlaagte" (Gallotone GE228; OE: AFR/P-XXVIIa (Kasset)). Die plaat moes gewild gewees het, want tydens stofinsamelingstoere het informante meermale teenoor skrywer daarna verwys, en een kon selfs 'n redelik getroue transkripsie daarvan verskaf (OE: RV–IX/4). Uiteindelik is 'n opname daarvan in die Frits Stegmann-plateversameling by NALN in Bloemfontein opgespoor en kon dit opnuut getranskribeer word. (Doubell praat gelukkig redelik duidelik.)

Eintlik is die hele opset van die plaat met die kastige blaffende hond, die pa wat navraag doen oor die lawaai, en die seun wat antwoord gee 'n klein stukkie volkstoneel. As Hennie Aucamp vertel hoe hy as voorskoolse kind (dus in die laat dertigerjare) 'n daggatoneeltjie gesien opvoer het, vermoed 'n mens dat dit "Daggaputlaagte" kon gewees het. Aucamp skryf:

> Hoe vergoeilikend die publiek teenoor daggagebruik was, blyk daaruit dat voorstellings van daggarokers op die verhoog vroeër 'n gewilde item op verskeidenheidskonserte was. Kerneels Wagenaar van Jamestown het met gesimuleerde grondpyp opgetree en versies opgesê wat helaas aan my verbygegaan het toe ek hulle as voorskoolse kind gehoor het (1997:195).

Rondom 1940 versamel en publiseer Abel Coetzee, J.F. Jacobs en D.H. van Zyl (soos in die aantekeninge aangedui) nog veertien ryme. Die WAT-kantoor op Stellenbosch moes minstens in die vyftigerjare vyf voorbeelde bekom het (die indekskaartjies is nie gedateer nie), want een daarvan word in 1956 gepubliseer (WAT II:14). Met hierdie knap in die twintig ryme is daar volstaan. Sedert 1970 slaag skrywer en sy studente daarin om nog 'n dertigtal by te dra, en Hennie Aucamp publiseer drie in 1997. Dit bring die somtotaal op bykans sestig te staan.

Hoewel die voorraad redelik beperk is, blyk dit tog moontlik te wees om op sekere verspreidingspatrone te let. Minstens twintig van die ryme kom uit die tradisionele Griekwa-gebiede (met hul bure, die Korannas, bygereken), naamlik Griekwaland-Wes en die Suidwes-Vrystaat en omstreke. Geografies breedweg ingedeel, is vyftien voorbeelde verder afkomstig uit Namakwaland en omstreke, ses uit die Groot Karoo-streke, vier uit die Klein Karoo, drie uit die Boland en omstreke, met verenkelde voorbeelde uit die Suidwes-Kaap, Oos-Kaap, Bo-Vrystaat en Noord-Transvaal.

Wat die inhoud van die ryme betref, kan sekere algemene verskynsels uitgelig word. (Dis onmoontlik om al die bladsyverwysings hier te gee; daarvoor kan die aantekeninge in die algemeen geraadpleeg word.)

(a) Brokstukke van volksliedere/ryme word soms in daggaryme gebruik (waarvan sewe gevalle aangeteken is).
(b) Hier en daar word raaisels in die ryme ingevleg (vier gevalle).
(c) Dele van snelsêers kom voor (drie gevalle).
(d) Ons kom selfs uittelryme teë (twee gevalle).
(e) Ons kry 'n geval waar boerespellings aangewend word, asook 'n grootliegverhaaltjie.
(f) Dopryme vind weerklank in die daggaryme (drie gevalle).
(g) Dieselfde geld vir dryfryme (vyf gevalle).

Baie opvallend is dieselfde elemente wat in verskillende ryme voorkom en van onderlinge beïnvloeding getuig. Hier het die plaatopname "Daggaputlaagte" blykbaar 'n groot rol gespeel. Die vyf mees algemene herhalings kan almal daarheen teruggevoer word: "Voëltjie fisant" en/of "moord en brand" (twaalf gevalle); "rok se stootkant" (sewe gevalle); "Katrientjie groen spenster/venster" (sewe gevalle); een of ander soort melk wat op die rooster gebraai word (vyf gevalle); purgasie (vier gevalle).

'n Mens vra jouself af hoe so iets moontlik is aangesien die daggarymers deur die bank uit die arbeiderstand was en skaars grammofone sou kon bekostig het. Maar: die verhouding tussen heer en diensbode op die afgeleë platteland (Namakwaland, die Klein en Groot Karoo, Griekwaland-Wes, ensovoorts) was tradisioneel baie ontspanne. Die bruin arbeiders het na aan die boer se werf gewoon. Voedsel vir die arbeiders is in die plaaskombuis berei. Bruin musikante het dikwels, as 'n groepie of as individue saam met mense uit die boerestand, by danspartye opgetree. By sulke geleenthede kan 'n mens jou voorstel dat iets soos "Daggaputlaagte" graag vir die pret voorgespeel is.

Verder kon daggarokers spesifiek genooi gewees het om na die plaat te kom luister. 'n Daggaroker met 'n grondpyp was klaarblyklik 'n soort besienswaardigheid. Abel Coetzee skryf in sy rubriek "Waar die volk skep":

> Ons lesers wat nog nie iemand sien dagga rook het uit 'n grondpyp nie, kan gerus 'n geleentheid te baat neem en gaan luister (Grobbelaar/Coetzee 1994:243).

Die rubriekskrywer Renier vertel in *Die Volksblad* van "outa Willem" se daggarokery:

> Eendag het hulle gaan kyk en toe sien hulle hoe hy voor sy grondpyp lê en die daggarook deur 'n mond vol water intrek (30 Okt. 1947).

Ten slotte moet die aandag gevestig word op hoe die volksgeloof in die daggarym neerslag vind. Dit gebeur nie dikwels nie, maar die enkele gevalle wat wel voorkom, is besonder insiggewend.

Ons dink in die eerste instansie aan die verwysings na boomgelowe. Die boom word as een van die belangrikste tradisionele simbole bestempel wat wyd in die mitologieë van die wêreld aangetref word (Cirlot 1971:346–350). Op die een of ander manier het boomgelowe egter gerespekteerde kommentators oor San- en Khoi-kultuur, en die kultuur van hulle afstammelinge, steeds ontglip. (Vgl. Schapera 1930 en Tobias 1978.) Tog is daar sprekende bewyse dat so iets wel bestaan het.

In 'n Griekwa-daggarym is daar 'n verwysing na 'n "wonnerboom"/ wonderboom (6(2)). Al delwend in die geheime van ons kultuurverlede het skrywer op 'n beskeie boekie afgekom deur 'n Engels-onderwyser, Almero de Villiers, gebaseer op sy eie tydskrifartikels, waarin hy die verhaal vertel van "The tree that had a soul" (1952:80–83). De Villiers deel mee dat hy in Griekwaland-Wes grootgeword het en hierdie geskiedenis gehoor het by Martjie, 'n ou Griekwa-vrou. Dit bevestig dat die Griekwas aan besielde wonderbome geglo het.

Omstreeks die laaste dekade van die 19de eeu is 'n Griekwa-seun, Hendrik Mpeka, op sy ouers se plaas naby Olifantshoek, op die grense van die Kalahari, gebore. Dieselfde dag het 'n kameeldoringboompie teen 'n koppie 'n entjie van die huis af sy verskyning gemaak. Die mense het gesê dat dit die geeste was wat die boompie vir Hendrik geplant het. Solank die boom floreer, sal dit met hom goed gaan, maar as die boom iets oorkom, sal hy sterf. Hendrik pas die boompie versigtig op, maar as jong man gaan hy in die goudmyne op die Witwatersrand werk en kom nie weer huis toe nie. Die mense sê dat hy die geeste vertoorn omdat hy nie meer vir sy boom sorg nie. Die tyd gaan verby, en op die ou end begin die boom verdor. "Ons moet die boom red, want 'n siel van 'n mens is daarin," sê die mense, maar dis vergeefs. Een nag kom 'n storm op en druk die boom plat. Nou weet die mense dat Hendrik Mpeka dood is. 'n Maand later kom daar 'n brief van die mynbestuurder dat Hendrik aan myntering gesterf het.

Nog 'n boom kom ter sprake, naamlik die waboom. In 'n dryfrym wat klaarblyklik eintlik as daggarym ontstaan het, word gepraat van die "Enkele bruin baster van Makaartberg,//Enkel gebore uit waboomstam" (74). In 'n daggarym wat op sy beurt elemente van 'n dryfrym bevat, word twee osse by die naam genoem, en dan kom die waboom weer by: "Swartland Makazana die waboomstamper" (23(2)).

Ons het reeds gesien dat dagga die naam "boom" verwerf het, bedoelende die boom van kennis. Hierdie narkotiese plant, wat die roker hallusinasies laat sien, word dus vereer as sou dit oor magiese kragte beskik wat dieper insigte bring. Die skrywer Herman Charles Bosman wat 'n ruk in die tronk was en daar daggarokers leer ken het, skryf dat hulle 'n grondpyp as die beste beskou het.

> You kneel down on the ground and pull at a reed. There seems to be something peculiarly fitting in this posture: making low obeisance to the Tree of Knowledge: kneeling on the ground in the presence of ancient wisdom (1949:56).

Maar soos daar in die Tuin van Eden nie net 'n boom van kennis was nie, is dit eintlik die boom van die lewe wat 'n belangrike rol in die geloofswêreld van verskeie swart Suider-Afrikaanse volkere speel. Die bekendste is die Herero's van Namibië se opvatting dat mens en dier uit die *omumborombonga*, die hardekool- of loodhoutboom, gebore is (Palmer en Pitman 1972:195). Volgens die geskrifte van die "erflike hoë toordokter van die Zoeloe" (soos hy genoem word), Credo Vusamazulu Mutwa, wat besluit het om die oorgelewerde mondelinge tradisies van sy volk vir die eerste maal openbaar te maak, kom die geloof in 'n boom van die lewe as oorsprong van 'n vername deel van die mense- en dierelewe, wyer voor, veral onder die Ndebele en die Zoeloe (1971:21-22). Die Khoi word egter spesifiek uitgesluit; hulle het glad nie deel aan die boom van die lewe nie, maar is afstammelinge van 'n reusagtige mantis (hottentotsgot) (1971:32-36).

Tog lyk dit asof die Khoi en hulle afstammelinge iewers in die ontplooiing van hulle volksgeloof 'n eie boom van die lewe moes geskep het, en dat dit 'n waboom was. Die waboom, die boomprotea, word aangetref van Tafelberg noordwaarts tot by die Sederberge, en van daar ooswaarts tot by Uniondale (Palmer en Pitman 1972:525). Dis 'n gebied wat tradisioneel glad nie deur die swart volkere bewoon is nie, maar wel deur die Khoi en die San.

Nog 'n element uit die volksgeloof in hierdie ryme, is die sogenaamde watermeid. 'n Daggarym wat met versluierde verwysings na osname begin, deels dus 'n dryfrym, gaan dan oor in die reël: "Uitgeblomde karos soos 'n watermeid" (27). Daar kan afgelei word dat dit 'n os moet wees wat lyk asof hy 'n watermeid se karos omgehang het. Waterlelies het trouens in die volksmond onder meer bekend geraak as watermeidbeddegoed en watermeidkomberse – en dis presies waarvoor 'n karos ook gebruik is (Coetzee 1953:37-38). Hierdie verbintenis met die watermeid word nog verder gevoer in 'n dryfrym waar die span regstreeks aangespreek word as: "Watermeid se kind" (67(4)). Die gebruik van die enkelvoudsvorm vir die meervoud, so het ons meermale gesien, kom vry algemeen by die volksmens voor.

Gelowe aan watermense, veral watervroue, word wyd versprei onder die bevolkingsgroepe van Suid-Afrika – swart, wit, bruin – aangetref. Soms word vertel dat hulle onder die rivierwater woon, maar hulle hutte is heeltemal droog met die water wat 'n koepel oorheen vorm. Dis hier waar hulle op hulle matjies oornag. Hulle eet net beesvleis, want hulle is halfmens en halfvis, en hulle hou hulle eie troppe aan wat bedags op die oewers wei, maar saans in die water ingejaag word. Omdat hierdie beeste waterdiere is, het hulle gewebde pote om beter te kan swem (Grobbelaar, Hudson en Van der Merwe 1977:15-16).

2 Dopryme

Die aanmoediging/beloning van werkers met 'n drankrantsoen, is 'n baie ou gebruik. Aan die Kaap het Van Riebeeck se soldate en matrose al hulle daaglikse kwota ontvang. Die Khoi wat sporadies los werkies vir die nuwe aankomelinge verrig het, is onder meer met drank beloon (Elphick 1985:176). Later is die slawe veral in die landbougebiede met wyn aangespoor (De Kock 1950:68). Ook ná die afskaffing van slawerny het die sogenaamde dopstelsel veral in die wyndistrikte bly voortbestaan.

Hierdie gebruik was egter nie net tot die Kaap beperk nie. Dis interessant om te lees dat plaaswerkers in Engeland ook in die 19de eeu nog 'n kwota bier of goedkoop sider (appelwyn) ontvang het (Lindsay en Washington 1963:25).

Rondom die dopgeëry het allerhande tradisies ontwikkel. Om die hoeveelheid wyn – gewoonlik omtrent 'n derde bottel – af te meet, is gebruik gemaak van 'n afgesaagde beeshoring of 'n kalbas. Later was daar ook sprake van 'n halwe kaasbak. Hier word bedoel een van twee bakkies, gewoonlik rooi van kleur, wat styf oor mekaar gespas het en waarin Edamse kaas vroeër ingevoer is (WAT II:259; V:110).

Die dopstelsel is al, en word steeds, in talle kringe sterk veroordeel en selfs deur wetgewing aan bande gelê. As daar darem van 'n invaldop sprake is, dit wil sê soggens voor die mense met hulle dag se werk begin, 'n uitval- of loopdop in die aand, met nog 'n dop of wat tussenin, dan raak dit kras.

Tog is dit so dat veral die tyd van die uitvaldop (en dis gewoonlik die enigste dop deesdae, waar die stelsel wel bestaan) 'n besondere geleentheid was. Die werkers vergader by die kelder of buitekamer waar die vaatjie wyn toegesluit word. Daar word onder mekaar gelag en gesels, maar "met respekte", nie uitspattig nie. Gewoonlik word die afgemete dop net met 'n dankwoord aanvaar. Maar daar is ook diegene – sou 'n mens sê, die meer digterlikes? – wat nou 'n rympie of rympies laat rol, voor hy drink, of ná hy dit weggeslaan het. Volgens die bewoording lyk dit in sommige gevalle na 'n poging om nog 'n dop te kry, maar dikwels is dit bloot, soos met die daggaroker en sy pyp, om die vrug van die wynstok te "prys".

Saam met die rympie was daar soms ook ander uitinge van ekstase. Die uitvoer van 'n paar danspassies word genoem. Boerneef skryf:

> Toe slaan hy 'n askoek wat sy Mietjie se hart lekker sou laat kry het as sy dit kon sien (1938/1979:34).

Meer as vyftig jaar later bevestig Matilda Burden in haar doktorale proefskrif dat die askoek ná die doprym geslaan is (1991:508). Afgesien daarvan om die askoek te slaan, kan jy dit ook afslaan, afstof, braai, dans, draai, klop of trap (WAT I:281). Dit beteken dat die danser in die lug spring en sy voete teen mekaar klap.

Dopryme is egter nie altyd by die ontvangs van 'n (uitval)dop gesê nie. M.I. Murray beskryf 'n hele plesierigheid wat daarmee gepaardgaan. Die bruin Sederbergse plaasgesin waaroor die boek handel, is op die dorp vir die Nuwejaar. Waar tuis gewoonlik suiker- of heuningbier gedrink word, bring die gaste hier hulle eie wyn saam. Twee van Ben, die oudste broer, se vriende kom by die huis aan waar die gesin oorbly.

> Ben kom uit en dis nie lank nie of die een het 'n bottel wyn in die hand en Ben bring 'n beker. En ná hulle geskink het, maar voor hulle so uit die beker drink, sê hulle die dopsteekwoorde so op die ry af.

Hulle het skaars klaar gesluk, of 'n volgende gas daag op.

> Nou kom daar nog een aan wat ál te vol dinge is. Hy haal sy klousbolhoed af en steek dit onder sy blad en hy maak so krombeen passies voor Ben wat die bottel het [...].

Dan sê hy 'n doprym, gryp die bottel, gee 'n paar slukke en sê nog 'n rym – dié keer een wat eintlik met heuningbier verband hou, want daar is sprake van "geelwater" – waarop hy 'n verdere sluk vat (1974:40–41). Die benaming "klousbolhoed" word deur die skryfster verduidelik as 'n "hoëbolhoed waarvan die bol met drie vingers tot 'n punt gedruk is" (1974:131).

Daar is inderdaad 'n groep ryme opgeteken wat spesifiek by die drink van heuningbier gesê is en dus niks met die boer se dopgeëry te make het nie. Soos dit egter maar met die ekstatiese ryme gaan, loop sake hier ook soms lekker deurmekaar en word heuningbierryme by die wyn gesê, en omgekeerd seker ook. Heuningbier of kar(r)ie is veral deur die Khoi en hulle afstammelinge gebrou van karriemoer en heuning. Hierdie term hou verband met !kari-b, die Nama-woord vir heuningbier. Vir die moer is gewoonlik 'n soort vlesige plantwortel gebruik wat gedroog, fyn gestamp en met water gemeng is. Hierby word dan heuning, gesmelt in lou water, gevoeg en 'n entjie van 'n vuur af neergesit, of toegedraai met komberse of sakke om te gis – hoe langer, hoe sterker. Eers smaak dit nog soeterig en is dit 'n verfrissende drankie. Dan begin dit die tong prik. Raak dit eers bitter, het dit 'n skop soos 'n muil (DSAE 1996:359; Van Niekerk 1975:24; WAT V:337).

Die optekening van dopryme het ook eers baie laat begin. Die vroegste voorbeelde bekend kom voor in Boerneef se sketsverhaal "Oor Swartrug" wat op 20 Maart 1936 in *Die Huisgenoot* verskyn (in 1938 opgeneem in sy bundel *Boplaas*). Dan duik daar in 1974 enkele voorbeelde op in M.I. Murray se boek *Witwater se mense*. Die grootste gros word sedert 1970 versamel toe skrywer en sy studente doelbewus volkskultuurstof begin byeenbring het.

Soos ons reeds by daggaryme aangedui het, maak ook die doprymer meermale van bestaande elemente uit die algemene volksrymvoorraad gebruik. Altesame vyf daggaryme en vier dryfryme vind weerklank in dopryme. Verder is daar tien volksliedere/ryme, twee rymende vergelykings, twee voorbeelde van klank/woordspel soos by boerespellings, asook 'n enkele raaisel, uittelrym en snelseer. In drie gevalle neem die doprym die vorm aan van 'n spog-, pronk- of brêkrym (dit is die Engelse "brag").

Op die grense van die doprym is die woorde van gesproke heildronke, asook enkele gesonge heildronke. Met gevulde glase, so is aan skrywer vertel, het die aanwesiges in 'n kring stelling ingeneem en mekaar toegesing. In 'n voorbeeld wat nie in die versameling opgeneem is nie omdat 'n uitgebreide weergawe van dieselfde teks as mampoerrym voorkom, sing die mense 'n stuk of agttien reëls van "Op Afrikas grond"; dis opgeteken op Worcester (DAK: WOR IV/7). 'n Heel onwaarskynlike geval, ook nie opgeneem nie omdat die teks in 'n versameling volksballades tuis hoort, is die verafrikaansing van 'n ou Engelse lied: "Staat op, maak toe die deur nou" (1916:101–103). 'n Radioluisteraar uit Belfast skryf:

> (Ek) het dit by my oorl. Pa gehoor. Met verjaarsdae, dan staan almal met 'n glasie wyn in die hand en dan sing hy dit.

Werklik merkwaardig is dat die luisteraar die volledige teks van twaalf strofes lank, hoewel plek-plek 'n bietjie verbrokkel, kon weergee (OE: RSA86(Br)/62).

3 Dryfryme

Vir bykans drie eeue lank het die os en die ossewa 'n sleutelrol in ons geskiedenis gespeel voordat hulle deur motorprodukte verdring is. Dit is dan begryplik dat 'n hele eie kultuur hier rondom ontstaan het.

Dis vandag moeilik te begryp watter emosies 'n span osse in die juk by die drywer wakker gemaak het. Maar so 'n vertoon van eendragtige krag was iets ontsagwekkends. Boerneef skryf:

Boetie, waar was jy? Het jy al gehoor hoe 'n drywer wat sy werk verstaan met sy osse praat, en het jy al gesien hoe hulle hom gehoorsaam? By hierdie span word die sweep maar selde gebruik, en dan is dit ook nie sommer 'n hot-en-haar-slanery nie. A nee, dis 'n kuns om met die biesie te piets, dis nie elke man se werk om net op die regte oomblik die haar-op-ses so liggies agter sy blad met die voorslagriempie te kielie nie. Soetland! Dis darem alte mooi as 'n span trekdiere gelyk vat en gelyk vorentoe beur. Die trektou lê snaarstyf gespan, en die groot wa gly stadig maar seker deur Rietvlei se vaal water. (1938/1979:32)

Ook G.H. van Rooyen bevestig in 'n studie oor Voortrekker-kultuur dat daar nie sommer links en regs onder die osse geslaan is nie:

Van so 'n drywer is verwag dat hy beter met sy mond dryf as met sy sweep. Hy moes sorg dat die osse gelyk trek [...] (1938:54).

Abel Coetzee skryf geesdriftig oor 'n span wat vas lê in die juk:

En as hulle so gelyk weglê aan die trektou in die wapad en die swaar belaaide wa kom onweerstaanbaar agterna, dan het die boer met ongekende trots die name afgeroep, van die hotagteros af, al op die span langs, tot voor by die vooros, waar die touleiertjie sy rug moes bakmaak om nie deur die weglêhorings geskep te word nie. Dan weergalm dit teen die rantjies [...] En om klem te lê op die laaste naam, wat hoog en met veel nadruk uitgeroep word, fluit die sweep 'n paar draaie deur die lug, en 'n luide knal word oor die vlaktes weggestuur. Dit was vir jou 'n lewe daardie (Grobbelaar/Coetzee 1994:303).

Die plekke van die osse in die span is van agter af benoem: hot vir links, en haar vir regs. Eers was daar die hotagteros en die haaragteros, dan die hognaasagter en die haarnaasagter. Hulle is paar-paar afgetel, en die naasagterosse is soms ook die hot-op-vier en die haar-op-vier genoem. Daarna volg die hot-op-ses, hot-op-agt, ensovoorts, al na gelang van die lengte van die span (wat gewoonlik tussen tien en hoogstens agttien gewissel het, al na gelang van die vrag en die terrein). Vooraan is die hotnaasvoor en die haarnaasvoor, en dan die hotvoor en die haarvoor. (Vgl. Van Rooyen 1938:54–55.)

Waar praat met die osse so 'n belangrike rol gespeel het, is dit geen wonder dat dryfryme sou ontwikkel nie waarmee die drywer tegelykertyd ook uiting kon gee aan sy ekstase om in beheer van so 'n kragvertoning te wees. Die drywers wend soms sommer hulle dagga- en dopryme hiervoor aan (terwyl brokke dryfryme, soos ons gesien het, meermale in egte dagga- en dopryme voorkom).

Hier ontstaan egter 'n duidelike tweestroom, want daar was drywers én drywers. Daggaryme verwag ons by daggarokers, dopryme by hulle-wat-die-dop-prys. Maar daar was drywers wat daardie ryme nie as deel van hulle persoonlike kultuurwêreld ervaar het nie. Hulle het dan bloot op die name van die osse gekonsentreer en dit die kern van hulle gesels met die span gemaak.

Tog is dit nog nooit bevestig dat die name wat die drywer so laat rol het spesifiek die name van die osse in sy span was nie. Hy het moontlik vir hom bloot 'n droomspan opgebou waarvan die name gemaklik op die tong lê en so 'n dryfrym geskep waarmee hy sy lewe lank, terwyl osse kom en gaan, volgehou het. So verneem mens meermale dat iemand 'n dryfrym by sy oupa of pa geleer het. Dit word ook bevestig deur die feit, soos hierbo genoem, dat brokke van dryfryme, nie met betrekking tot 'n spesifieke ossespan nie, in dagga- en dopryme opgeneem is. 'n Verdere bewys is dat daar in dryfryme sulke negatiewe name voorkom soos Skytveld of Beesmis terwyl dit ondenkbaar is dat 'n boer sy os werklik so sou genoem het.

Waar name so 'n belangrike rol in die meeste dryfryme speel, is die hele kwessie van die naamgewing vir osse dus van betekenis.

Abel Coetzee is die enigste Afrikaanse volkskundige wat hom breedvoerig en sinvol hieroor uitlaat. Hy onderskei twaalf tipes:

(a) *Persoons- en familiename:* Die boer het 'n os by De Jager of Kruger gekoop en behou dan sommer die vorige eienaar se van as naam vir die os. Hy het behoefte aan rymklanke vir sy span en maak van persoonsname gebruik: Klein-Stefanus en Johannes. 'n Baie sterk os kan Simson genoem word. Hekton (Hektor) en Titon (Titus) was dalk die name van twee slawe van weleer.

(b) *Name van bevolkingsgroepe:* Ingelsman, Noorman (Noor, Noorweër), Fransman, Jerman ("German", Duitser).

(c) *Name van lande en landstreke:* Holland, Ingeland, Seeland, Swartland, Vrystaat, Afrika. Aanvullend hierby, ook weens die rymmoontlikhede van -*land*, word denkbeeldige name geskep: Douland, Soetland. Dit kan ook betrekking hê op die kleur van die os: Rooiland.

(d) *Name wat uitgaan op -berg:* Dit verteenwoordig 'n besonder groot groep. Dikwels word 'n geografiese naam oorgeneem: Tierberg, Swartberg, Winterberg, Tafelberg, Koeberg. Swartberg kan ook verband hou met die kleur van die os, soos: Rooiberg, Bontberg.

(e) *Name wat eindig op -veld:* Dis net so 'n groot groep. Weer eens kan werklike geografiese name oorgeneem word: Bokveld, Hoëveld, Strandveld. Talle van hierdie name is egter nuutskeppinge: Mooiveld, Slangveld, Lelieveld, Strykveld, Friesveld.

(f) *Name op -man:* Eweneens baie gewild. Dit kan bestaande terme wees: Jonkman, Koopman, Stuurman. Soms dui dit op die kleur: Vaalman, Blesman, Kolman, Roman ('n rooi os). Familiename op -*man* kom voor: Schoeman, Opperman, Hartman. 'n Sekere eienskap van die os kan uitgelig word: Goeieman, Braafman, Wakkerman, Kwaaiman, Mooiman.

(g) *Name wat "karakter"- en ander eienskappe in die algemeen aandui:* Hoogmoed, Pronk, Liefêr (Liefhêer), Domkrag (baie sterk), Kappie (hanghorings), Snel, Regop.

(h *Name van beroepe:* Regter, Matroos, Soldaat, Skipper, Apteker, Boekhouer, Majoor.

(i) *Diere en voëls:* Eland, Hasie, Krokodil, Tier, Dassie, Valk, Malgas.

Die twee vernaamste kenmerke van osname in pare beskou, is die rol wat gespeel word deur klankooreenkomste in die name, en dan ook deur betekenisooreenkomste of -teenstellings. Dit gaan hier dus eintlik eerder oor digterlike oorwegings.

(j) *Klankooreenkomste (rym, alliterasie en konsonansie):* Kram en Oorlam(s), Oker en Stoker, Stout en Benoud, Valk en Kalk, Meroos en Metroos (Matroos), Kies en Koller, Sniep en Snoller, Flink en Fleur, Snoep en Snel, Berliek en Berlak.

(k) *Betekenisooreenkomste (of -aaneenskakelings) en -teenstellings:* Doerias en Lap, Deurslag en Dam, Rook en Damp, Snaar en Kitaar, Strykstok en Viool, Yster en Staal, Vuurslag en Vlam, Rukker en Plukker, Optel en Neersit, Skinker en Drinker, Witneus en Witvoet, Ligter en Donker (Grobbelaar/Coetzee 1994:305–308).

Dryfryme wat grootliks uit die opnoem van 'n reeks osname bestaan, kan ook volksverse in eie reg wees, soos Coetzee met oortuiging argumenteer. As voorbeeld gebruik hy die volgende span (soos opgeneem by 71(1)): "Ja-Krier en Smeltmitier; Regter en Roos; Skilder, Matroos; Swartberg, Kolberg; Yster en Staal; Valk en Kalk; Noorman, Tietoos; Skinker en Drinker!"

Die eerste paar, Ja-Krier en Smeltmitier, word met binnerym aan mekaar verbind. By die volgende twee pare vind ons endrym: Roos en Matroos. In die geval van paar nommer vier word 'n klank herhaal: Swartberg, Kolberg. Yster en Staal is betekenisgewys aan mekaar gebind, en by Valk en Kalk is weer binnerym. Die sewende paar gryp met endrym terug na pare twee en drie: Roos, Matroos en Tietoos. By die laaste paar is betekenisteenstelling asook binnerym. Coetzee se slotsom is:

> Goed beskou kan ons dan ook met reg beweer dat hierdie span osse se name 'n organiese geheel vorm, net soos die woorde in 'n gedig. En daar is dan ook alle regverdiging voor om hierdie besondere geval te bestempel as 'n gedig van die boereplaas af, 'n gedig wat in verband staan met die wa en osse (Grobbelaar/Coetzee 1994:303).

Optekenings begin reeds rondom 1900 met die name van twee ossespanne deur ons vroegste volkskundige, F. Th. Schonken. Dan bly dit jare lank agterweë totdat Abel Coetzee eers in die dertigerjare aandag daaraan begin gee en terselfdertyd die grootste bydrae in verband met dryfryme lewer, hoewel daar later wel betekenisvolle optekenings was.

Ten slotte

Die ekstase van die arbeid kan vanselfsprekend nie opweeg teen dié van die daggapyp nie. Daarom is die dryfryme in die algemeen ook nie so verbeeldingryk soos die daggaryme nie, afgesien van die enkele gevalle waar die man met die sweep klaarblyklik nog onder die betowering van die daggapyp was. Selfs die doprym, gewoonlik vir die vermaak uitgespreek ná 'n harde werksdag, kom nie by die totaal onbevange daggarym voor nie. En tog is dagga-, dop- en dryfrym onlosmaaklik aan mekaar verbonde soos die groepe onderling inwerk op mekaar en mekaar oor en weer aanvul. Saam verteenwoordig hulle 'n unieke stukkie Afrikaanse eiegoed.

BRONNE

AUCAMP, Hennie (samest.) 1997. *Wys my waar is Timboektoe*, Kaapstad.
BOERNEEF 1938/1979. *Boplaas* (opgeneem in *Versamelde prosa*, Kaapstad).
BOERNEEF 1938b/1979. *Van my kontrei* (opgeneem in *Versamelde prosa*, Kaapstad).
BOERNEEF 1958. *Krokos*, Kaapstad.
BOSHOFF, S.P.E. en G.S. NIENABER 1967. *Afrikaanse etimologieë*, Pretoria.
BOSMAN, Herman Charles 1949. *Cold Stone Jug*, Johannesburg.
BURDEN, Matilda 1991. *Die Afrikaanse volkslied onder die bruinmense* (Ongepubl. D.Phil.-proefskrif, Universiteit van Stellenbosch), Stellenbosch.
CIRLOT, J.E. 1971. *A Dictionary of Symbols* (hers. uitg., vertaal uit die Spaans), Londen.
COETZEE, Abel 1953. *Die Afrikaanse volkskultuur*, Kaapstad.
COETZEE, Abel 1966. *Daar kom die wa* (SAUK-brosjure), Johannesburg.
DE KLERK, W.A. 1953. 'Aantekeninge uit die Sederberge' (*Tydskrif vir Volkskunde en Volkstaal*, Nov. 1953).
DE KOCK, Victor 1950. *Those in Bondage*, Kaapstad.
DEPARTEMENT AFRIKAANSE KULTUURGESKIEDENIS 1970–1995. Studenteseminare en resultate van departementele veldwerktoere (Ongepubl. werkstukke en kassette, Universiteit van Stellenbosch), Stellenbosch.
DE VILLIERS, Almero 1952. *Stage-coach Adventures and other South African Tales*, Johannesburg.
DICTIONARY UNIT FOR SOUTH AFRICAN ENGLISH 1996. *A Dictionary of South African English on Historical Principles*, Oxford.
DIE AFRIKAANSE PATRIOT 1974. *Faksimilee-weergawe van die eerste jaargang 1876*, Kaapstad en Johannesburg.
DIE BURGER 1993. Dagblad, Kaapstad.
DIE TRANSVALER 1947. Dagblad, Johannesburg.
DIE VOLKSBLAD 1947. Dagblad, Bloemfontein.
DORNAN, S.S. 1925. *Pygmies and Bushmen of the Kalahari*, Londen.
DOUBELL, D.S. ±1937/38. 'Daggaputlaagte' (Plaatopname, Gallotone GE228, of OE: AFR/P-XXVIIa, kasset).
DU TOIT, S.J. 1924. *Suid-Afrikaanse volkspoësie*, Amsterdam.
DU TOIT, S.J. 1961. 'Riele en hottentotsriele' (*Tydskrif vir Volkskunde en Volkstaal*, Okt. 1961).
DYKMAN, E.J. 1891/1917. *De Suid Afrikaanse kook-, koek- en resepte boek* (16de dr.), Paarl.
ELPHICK, Richard 1985. *Khoikhoi and the Founding of White South Africa*, Johannesburg.
ERICH, Oswald A. en Richard BEITL 1955. *Wörterbuch der Deutschen Volkskunde* (2de hers. uitg.), Stuttgart.
GROBBELAAR, Pieter W. 1969. *Trippe trappe trone*, Kaapstad.

GROBBELAAR, Pieter W. 1970-1997. *Ons Erfenis-versameling* (volkskulturele stof), Wellington.
GROBBELAAR, Pieter W. 1975. *Koeitjies in die klawer*, Kaapstad.
GROBBELAAR, Pieter W. 1978-1996. *Die volk as digter* (7 reekse) (Ongepubl. radiotekste), Franschhoek en Wellington.
GROBBELAAR, Pieter W. (red.) 1994. *Abel Coetzee en sy rubriek 'Waar die volk skep'*, Stellenbosch.
GROBBELAAR, Pieter W. 1997. *Die rooi lappieskombers: Volkskwatryne*, Kaapstad, Pretoria en Johannesburg.
GROBBELAAR, P.W., C.W. HUDSON en H. VAN DER MERWE 1979. *Boerewysheid*, Kaapstad.
JACOBS, J.F. 1942. *Die Grikwas en hul bure*, Bloemfontein, Kaapstad en Port Elizabeth.
JOUBERT, G.J. 1945. *Penwortels*, Pretoria.
JOUBERT, G.J. 1951. *Oupa Landman se viool*, Kaapstad, Bloemfontein, Johannesburg.
KENNEDY, R.F. (samest.) 1966. *Catalogue of Pictures in the African Museum* (Deel I), Johannesburg.
KOK, B. 1942. *Die vergelyking in die Afrikaanse volkstaal*, Pretoria.
LAMPRECHT, Chris 1971-1973. *Dit kom van ver af* (3 radioreekse oor volksliedere), SAUK-klankargief, Johannesburg.
LINDSAY, Donald en E.S. WASHINGTON. *A Portrait of Britain between the Exhibitions 1851-1951* (hers. uitg.), Londen, 1963.
LOUW, N.P. van Wyk 1970. *Rondom eie werk*, Kaapstad en Johannesburg.
MALAN, Recht 1939. *Ou Boland*, Kaapstad.
MARSHALL, Sybil 1981. *Everyman's Book of English Folk Tales*, Londen, Melbourne en Toronto.
MURRAY, M.I. 1974. *Witwater se mense*, Kaapstad en Johannesburg.
MUTWA, Vusamazulu Credo 1964. *Indaba, my Children*, Johannesburg.
MUTWA, Credo 1971. *My People: Writings of a Zulu Witch-doctor*, Harmondsworth, Middlesex.
ONS KLYNTJI 1897. *Eerste Afrikaanse tydskrif*, Paarl.
PALMER, Eve en Norah PITMAN 1972. *Trees of Southern Africa* (3 dele), Kaapstad.
QUASS, F.W. 1975. *Die tweede rebellie*, Johannesburg.
REITZ, F.W. (samest.) 1916. *Twee en sestig uitgesogte Afrikaanse gedigte* (5de dr.), Kaapstad, ens.
SCHAPERA, I. 1930. *The Khoisan Peoples of South Africa: Bushmen and Hottentots*, Londen.
SCHONKEN, F. Th. 1914. *Die oorsprong der Kaapsch-Hollandsche volksoverleveringen* (vertaal uit die Duits), Amsterdam.
SCHUTTE, R. 1963. 'Die sindelinghaan' (*Standpunte* 50, Aug. 1963).
SPARRMAN, Anders 1975. *A Voyage to the Cape of Good Hope [...] from the Year 1772-1776* (Deel I) (VRV II no. 6), Kaapstad.
STANDARD ENCYCLOPAEDIA OF SOUTHERN AFRICA (SESA) 1970-1976 (12 dele), Kaapstad.

SUID-AFRIKAANSE AKADEMIE VIR WETENSKAP EN KUNS 1965–1966. *Volksgeneeskuns in Suid-Afrika* (2 dele), Pretoria.
THUNBERG, Carl Peter (Pehr) 1986. *Travels at the Cape of Good Hope 1772–1775* (VRV II no. 17), Kaapstad.
TOBIAS, Phillip V. (red.) 1978. *The Bushmen: San Hunters and Herders of Southern Africa*, Kaapstad en Johannesburg.
VAN DALE: GROOT WOORDENBOEK DER NEDERLANDSE TAAL 1961 (hers. uitg., 8ste dr.), 's-Gravenhage.
VAN DER MERWE, C.N. 1981. *Tromboniusdagboekenkaart: 'n Boerneef-boek*, Kaapstad.
VAN NIEKERK, A.A.J. 1973. *Twee maal elf is twaalf*, Kaapstad.
VAN NIEKERK, A.A.J. 1975. *Herneuter*, Kaapstad.
VAN RENSBURG, M.C.J. (projekleier) 1984. *Die Afrikaans van die Griekwas in die tagtigerjare*, Bloemfontein.
VAN ROOYEN, G.H. 1938. *Kultuurskatte uit die Voortrekker-tydperk* (Deel I), Bloemfontein, Kaapstad en Port Elizabeth.
VAN ROOYEN, G.H. en S.H. PELLISSIER 1954. *Raai raai riepa: Die Afrikaanse raaiselboek*, Pretoria.
VAN ZYL, D.H. 1943. *Swerwerspore*, Kaapstad, Bloemfontein en Port Elizabeth.
VAN ZYL, D.H. 1947. *'n Griekwa-'ietsigeit'*, Kaapstad, Bloemfontein en Port Elizabeth.
VAN ZYL, W.J. (Wium) 1975. *Die Afrikaanse volkspoësie, met spesiale toespitsing op Boerneef se poësie* (ongepubl. M.A.-verhandeling, Universiteit van Stellenbosch), Stellenbosch.
VERKLARENDE HANDWOORDEBOEK VAN DIE AFRIKAANSE TAAL (HAT) 1984 (2de uitg.), Johannesburg.
WAT-INDEKSKAARTJIES Ongedateerd. Woordeboekkantoor, Universiteit van Stellenbosch, Stellenbosch.
WIKAR, Hendrik Jacob 1935. *Joernal (1799)* (VRV no. 15), Kaapstad.
WOORDEBOEK VAN DIE AFRIKAANSE TAAL (WAT) 1956–1996. (10 Dele), Pretoria en Stellenbosch.
WORDSWORTH, William 1800/1954. 'Preface to *Lyrical Ballads*' (opgeneem in Carlos Baker, red.: *William Wordsworth's 'The prelude', Selected Poems and Sonnets*, New York, ens.).